Helena Öhrström/Avalonprästinnan

Kvinnors magiska kraft

Sagor och visdom om kvinnors magiska kraft

Helena Öhrström är Avalonprästinna och medium.

Hon arbetar och brinner för att hjälpa kvinnor att stärka sin feminina kraft och gudinnan inom sig.

Helena bor på den skånska landsbygden där hon driver kursgården Avalonskolan tillsammans med sin man.

Helena håller kurser om Gudinnan, Prästinnan, Naturmedicin, Cellminnes healing, Spiritualitet och Vedic Art

Helena har tidigare skrivit boken Fredsmeddelande från Plejaderna

Du kan hitta Helenas meditationer på Youtube

https://www.youtube.com/c/Avalonskolan

© 2022 Helena Öhrström

Illustration: Helena & Stefan Öhrström
Korrekturläsning: Kristina Nilsson Lodén

Förlag: BoD – Books on Demand, Stockholm, Sverige
Tryck: BoD – Books on Demand, Norderstedt, Tyskland

ISBN: 978-91-8007-932-7

Innehåll

Vad betyder magi: 9

Genom historien: 11

Att välja ett magiskt liv och en magisk väg med
medvetenhet: 13

Att lita på din Intuition: 15

Hinder och initieringar: 19

Att tro på dig själv och din magiska kraft. 23

Anteckningar: 25

Guidade meditationer och dess magiska kraft: 26

Sagor som magisk kraft: 29

Magisk saga nr. 1 30

Den magiska kitteln: 30

Att reagera eller att agera 44

Altare 47

Magisk ceremoni: 49

Att växa i din magiska kraft: 50

Att iaktta och lyssna: 55

Magiska saga nr. 2 59

Arvet 59

Magisk ceremoni för att tro på din magiska kraft 70

Magiska saga nr. 3 75

Kvinnan med ljusklotet 75

Hur kan vi bryta mönster? 96

Ceremoni/ritual för att balansera maskulint och feminint: 97

Trojeborg/ labyrint 99

Magisk meditation: 105

Att jorda sig 108

Att älta/bearbeta för att släppa taget: 112

Rening: 114

Att föda fram nytt som en magisk krafT: 117

Att övervinna rädsla: 118

Systerskap som en magisk kraft: 122

Vi är systrar: 125

Du är magisk 128

Dom tomma sidorna är till för att du själv skall kunna göra dina magiska anteckningar.

Denna bok är en hyllning till alla kvinnor som har levt, som lever, som kommer att leva på jorden och i andra existenser i universum.

Min önskan är att alla kvinnor förstår sina magiska krafter.

Att denna bok ska hjälpa dig som kvinna på vägen att tro på dig själv och dina förmågor. Att du ska älska dig själv och att ge utryck för dina magiska förmågor och att på det sättet befrukta vidare ut till andra människor och moder jord.

Gång på gång har jag bevittnat den magiska kraften hos både mig själv och de kvinnor jag lärt känna på min väg i livet.

Den magiska kraften som finns där som en självklarhet oftast utan kvinnornas egen medvetenhet om dess existens.

För mig är gudinnan en påminnelse om vår magiska kraft.

Gudinnans kraft återföds och återvänder nu för att påminna oss om den heliga feminina kraften som vi bär inom oss.

En mycket stark symbol för denna uråldriga magiska kraft är Venus av Wallendorf. (bilden på bokomslaget).

Vad man vet så är fyndet på denna fantastiska figurin daterad till att vara 35–40 000 år gammal.

Venus är inte bara en symbol för fruktbarhet. En teori är att denna kroppstyp helt enkelt var "skönhetsnormen" på den tiden och människor älskade och vördade kvinnor med sådana kroppar.

Jag kan själv inte nog titta mig "mätt" på henne och hennes för mig moderliga kropp och kraft. Hon väcker upp något mycket uråldrigt gammalt, ja en ursprunglig kraft och känsla. Hon återspeglar det som vi glömt. Hon påminner oss om att skönheten ligger på ett så mycket djupare plan. Hon är tidlös och anspråkslös, samtidigt som hon har pondus, respekt och är en sällsynt skönhet.

Hon är kvinnans magiska kraft personifierad.

Hon är MAGISK.

VAD BETYDER MAGI:

Magi är en urkraft som genomsyrar hela universum. Den är livskraft, personlighet, handlingsstyrka, vilja och har makten att förändra.

Magi är grundad i övertygelsen om att människan kan påverka den fysiska världen genom kontakt med övernaturliga krafter.

Den som ägnar sig åt magi kallar sig oftast för häxa, magiker och trollkarl/kärring. Det kommer från det latinska ordet Magus som just betyder magi.

Man kan tyda ordet magi till underbart, förtrollande, vackert och trolldom som är grundad i en övertygelse om att man som människa kan påverka energier genom kontakt med det "övernaturliga" och krafter och makter som ej är synliga för ögat.

Ordet häxa betyder i sin tur vis kvinna och som de flesta känner igen så är det ju wicca på engelska.

Så om man översätter det fritt så skulle det kunna vara En vis kvinna som använder sig av "övernaturliga" och osynliga krafter för att förtrolla, försköna, göra vackert och att skapa det som är underbart.

Ärligt talat vet jag inte varför det skulle vara något så hotfullt eller farligt så att man genom historien dödat, avrättat, bränt, skadat och torterat kvinnor för deras magiska krafter.

Kanske är vi fortfarande så hotfulla (utan att vi förstår det själva) med alla våra förmågor, så att vi ska tryckas ner, förminskas och bli både slagna, hotade till livet och dödade.

Under 1400-talet uppkom flera häxprocesser i Europa som en följd av inkvisitionens verksamhet, som var en katolsk domstol med uppgift att bedöma och bekämpa "felaktiga läror").

Häxhysterin nådde sin höjdpunkt i Europa 1450–1750. Fler än 30 000 personer avrättades under perioden. Högre siffror än så brukar också nämnas. Vad man vet så avrättades den sista "häxan" år 1782.

Framför allt var det kvinnor som avrättades, dock även en del män och barn. Det var ofta kvinnor som var självständiga och ibland läskunniga som uppfattades som ett hot mot bysamhället.

Det var framför allt kyrkan och prästerna som ledde och styrde häxprocessen.

Enligt vissa präster kunde man avgöra om en kvinna var häxa genom att söka efter det som man kallade för djävulsmärke på kvinnans kropp.

Man ansåg att djävulsmärket bestod av fingeravtryck från satan som ett tecken på att hon ingått ett förbund med djävulen.

De var även vanligt med s.k. häxprov, en historisk metod som användes för att försöka bevisa att någon anklagad för häxeri var skyldig. Den mest kända metoden var vattenprovet. Den misstänkta bands och kastades i vattnet: om hon sjönk, var hon oskyldig, och om hon flöt, var hon skyldig. I slutet på 1700 talet började häxhysterin att avta.

För mig är Magi att förändra både det icke materiella och materiella till något som man önskar och vill med intention från själen och hjärtat. Det är att kunna se och uppleva en annan sida av verkligheten och att uppleva förtrollningens kraft inom sig själv, att se det i andra och i djur och natur. Magin existerar överallt och ligger i betraktarens ögon om vad som är möjligt att se och uppleva. Magin finns i hjärtat och i själen och när vi ger det både kraft och fritt spelrum kan vi förvandla det vi önskar med hjälp av dess magiska kraft.

/Helena Öhrström

För att kunna välja att leva ett liv i magi så behöver vi medvetandegöra olika saker för oss själva.

Vi behöver klargöra vad magi betyder för oss själva.

Vi behöver tro på oss själva och ställa oss frågor kring vår tro på våra magiska förmågor och intuition.

Vi behöver ta reda på om något "blockerar "oss från att kunna leva i vår magiska kraft

När vi väljer att medvetandegöra och att "se" vad som blockerar oss att vara i vår magiska kraft kan vi sedan börja förändra det som blockerar /hindrar oss.

Vi frigör kraft både bakåt, framåt och i nuet.

Vi behöver se på oss själva och studera hur vi reagerar och agerar när vi stöter på hinder i livet.

Mycket av vårt arbete för att ta fram vår magiska kraft handlar om att rensa och att frigöra oss från gamla och felaktiga uppfattningar om oss själva.

Det handlar om att ge oss själva tiden och verktygen att "arbeta" med vår oslipade diamant.

Man kan se symboliskt den magiska kraften som en kristall och diamant som vi bär i hjärtat och i själen.

Att ju mer vi rensar bort gamla känslor, händelser, trauman så kan vi lysa med vår magiska kraft.

En mycket viktig ingrediens för att leva ett magiskt liv är att använda dig av din intuition och att lita på den.

Ordet intuition kommer från latinets intueri, som betyder betrakta, åskåda eller se på.

Intuition är vår förmåga att bilda en omedelbar uppfattning, göra en omedelbar bedömning med vårt medvetande, utan att ha tillgång till all fakta. Man kan säga att intuitionen är motsatsen till vår logiska förmåga.

Intuitionen är sammankopplat med vårt 6:e (sjätte) sinne och kan ge oss en klar och tydlig känsla för om något känns rätt eller fel.

För vissa kan det kännas som en magkänsla och för andra känns det i hjärtat.

Intuition är en fingertoppskänsla, en föraning, och man kan säga att man har en näsa som gör att man kan sniffa sig till vad som är bra eller dåligt.

Det kan vara en känsla som att man vet utan att kunna förklara varför.

Det är en inre vetskap som är mer kraftfull än vårt intellekt.

Vår intuition hjälper oss att navigera i att kunna ta beslut även när livet känns utmanande och svårt.
Vår intuition är sammankopplad med vårt högre jag och andliga hjälpare.
Genom att lyssna på vår intuition kan vi sedan agera utifrån den hjälp och vägledning som vi får från en högre sfär.
ALLA är födda med en intuition.
När vi växer upp så blir vi uppmanade att använda vår logiska sida. Speciellt i skola och utbildning värderar man den logiska sidan högst.
Att vi ska "veta" och att det ska vara vetenskap, annars räknas det inte.
För mig är intuitionen en av de mest magiska förmågor som vi föds med.
Vi kan lära oss att använda den mer medvetet för att förgylla våra liv.
Intuition är en tyst inre visdom och kunskap.
Intuitionen är sammankopplad med vår feminina sida och vår känslosida.
Att bejaka vår intuition är att bejaka våra känslor och vår femininitet.
Vi behöver dock en balans mellan vår feminina och maskulina sida inom oss för att få bästa resultat när vi bejakar och använder vår intuition.

Vi behöver bygga den bro mellan vår feminina och maskulina sida inom oss som gör att vi kan ta emot information och vara intuitiva (vår feminina sida) och sedan agera (vår maskulina sida) och göra det som vår intuition talat om för oss.

Om vi har svårt att lita på intuitionen så behöver vi ta reda på vad som gör att det känns svårt. Fundera iså fall på varför du tror att du har svårt att lita på din intuition.
Ta hjälp av någon som arbetar medialt eller som du tror kan hjälpa dig att ta bort det som blockerar din intuition.

Meditera för att ta reda på om något blockerar för din intuition.

Här kommer några bevis på att din intuition fungerar.

- Du uppfattar snabbt känslostämningar.
- Du är sensitiv och känslomässig.
- Du kan du känna andras energi och känslostämningar.
- Du kan du få tecken som upprepar sig.
- Du tänker djupare och är analytisk.
- Du är intresserad av mysticism och ockultism.

- Du har en stark inre röst och inre värld.
- Du behöver inte tänka ut en lösning, det bara kommer till dig som en flasch/blixt och så bara vet du.

Det är skillnad på intuition och det du tänker.
När vår själ talar till oss genom vår intuition så kan vi känna en förändring i vårt hjärta och i våra hjärtslag.
När din intuition är genuin så kan man inte förklara varför det känns som det gör.
När du tar emot intuitiv information så tar du emot en liten bit i taget.
Du tränar på att ha tillit och att följa flödet i livet.

Vi stöter alla på olika hinder i livet.
Ibland tar vi oss runt eller över hindren.
Ibland finns hindret kvar och stoppar oss
att utvecklas och att vara i vår sanna kraft.
Jag brukar säga att hindren finns kvar tills vi
utmanat oss själva att komma förbi eller över dem.
Hinder finns för att vi ska kunna växa som
individer och människor.
I min verklighet är hinder utplacerade på vår
livsväg för att vi ska lära oss något av dem.
Jag skulle vilja påstå att vi själva innan vi föddes
valde att ha olika hinder och utmaningar för att vi
ska växa och utvecklas.
Man ska dock ta i beaktning att skilja på hinder
och att vi kan bli "varnade" att gå på fel väg.
När jag nämner hinder så kan det även liknas vid
det som man nämner som initieringar.
En initiering är tex. att man som människa
utvecklas från barn till vuxen.
I processen finns det en övergång där man kan
"prövas" av livet att ta sig igenom och över hinder
för att mogna och bli vuxen.
Det kan vara att man får motgångar, sorger eller
andra saker som gör att man känner sig
motarbetad.
Det är här vi kan välja att se oss om efter andra
vägar.

Att inte stirra oss blinda på det som inte gick eller som vi känner oss motarbetade i.
Kanske gör pojk- eller flickvännen slut.
Kanske kommer vi inte in på det studieprogram som vi hoppades på.
Kanske får vi inte det jobbet som vi önskade.
Listan kan göras lång på det som vi känner oss hindrade och motarbetade i.

Så hur kan vi använda vår magi för att komma över dessa hinder?

När vi står inför ett hinder/prövning så behöver vi ta ett steg tillbaka och begrunda situationen.
Vi behöver få en distans.
Lägg märke till din egna reaktion.
Vad i situationen gör att du känner och reagerar som du gör?
Är det realistiskt att du reagerar som du gör?
Om nej, varför tror du själv att du reagerar som du gör?
Om du har svårt att finna svaret inom dig så kan du göra några olika saker.
Prata med en vän om ditt problem
Gör en meditation kring ditt hinder/prövning.
Svaret finns inom dig.
När du fått ditt svar så är det dags att gå vidare.
Exempel på svar:

Jag är rädd att jag inte klarar det.
Jag är för gammal, dum, svag.
Ingen vill ändå ha mig.
Varför skulle just jag bli vald.
Mitt liv blir ändå aldrig som jag önskar.
Om jag gör det……. så kommer jag att bli
utskrattad och lämnad av min familj/vänner.
Jag kommer ändå inte att lyckas.
Jag är för ful.
Jag är för fattig.
Jag är rädd för att bli ensam.
Jag är en loser.

Denna lista kan göras lång på de hinder som finns
inom oss och som ibland återspeglas i vårt yttre
liv.

Allt det som vi lärt och upplevt under vår
uppväxt sitter i oss som program i vårt
undermedvetna.
Det hinder som vi stöter på är oftast en
upprepning av de program som finns i vårt
undermedvetna.
För att frigöra oss från dessa program så är det
först och främst viktigt att vi förstår och blir
medvetna om dessa programmeringar.
När vi förstår och blir medvetna vad som
påverkar oss undermedvetet så startar en healing

och läkning. Vi kan börja ta steg i en annan riktning och hitta nya vägar som är fruktsamma för oss.

För att förstå och bli medvetna om våra undermedvetna program så behöver vi ha en "nyckel" till den dörr inom oss som kommer ihåg alla minnen som vi behöver komma ihåg för att kunna omvandla våra hinder och programmeringar.

ATT TRO PÅ DIG SJÄLV OCH DIN MAGISKA KRAFT.

Det är ingen självklarhet att tro på sig själv och sina magiska förmågor.

De allra flesta av oss har inte växt upp under omständigheter där vi fått support och hjälp att utveckla vår magiska kraft.

En del av oss har kanske blivit förlöjligade, ignorerade och hånade för ett andligt och ockult intresse.

Det kan kännas utmanande och svårt att vara udda och annorlunda.

Vi försöker kanske att anpassa oss.

Att tro på oss själva och att ge support till oss själva i det som vi känner oss dragna och intresserade av är att ge kärlek till oss själva.

Du är värd all kärlek.

Ge dig själv utrymmet att utforska dig själv och dina magiska sidor. Ge dig själv den där kursen. Ge dig själv chansen att få träffa och umgås med likasinnade.

Bejaka och gör det som ditt hjärta längtar efter.

Att du längtar och känner dig dragen till det som du gör är ingen slump.

Det finns en mening och det är din själ som talar till dig.

Vi behöver "odla" och ge oss själva den support vi behöver för att kunna växa och tro på vår magiska kraft.

Ta steg för steg.
Gör ditt egna altare.
Skriv i din bok.
Meditera.
Reflektera.
Healing.
Ceremoni.
Gå på utbildning/kurs.
Umgås med likasinnade.

Detta är bara exempel på vad som kan hjälpa till i tron på oss själva och det finns så oändligt mycket mer

Att göra anteckningar till oss själva.
Att meditera
Att iaktta, lyssna, se, använda hjärtat och intuitionen, att uppleva och lägga märke till skiftningar och förändringar.
Här kan vi även ha hjälp av en eller flera systrar som vi kan prata med och dela erfarenheter tillsammans med.

Att göra anteckningar till oss själva är guld värt.
Det är som en skatt att återkomma till gång på gång.
Allt det som vi tycker är värdefullt skriver vi ner i vår bok.
Det kan vara upplevelser från dagen som gått.
Det kan vara upplevelser från ett speciellt möte.
Men framför allt de upplevelser som vi har i kontakt med vårt inre som vi får när vi tex. mediterar.
Vi kan även skriva om drömmar som kommer både på dagen och natten.

De drömmar som vi skriver ner kan vi sedan tolka och det kan visa sig vara värdefull information. Införskaffa gärna ett drömlexikon eller varför inte gå en kurs i drömtydning.
Att tyda drömmar och att förstå dess budskap är en mycket viktig del i att förstå oss själva och att kunna leda oss i rätt riktning i vårt magiska liv.
När vi sedan går tillbaka och läser våra anteckningar så kan vi få ledtrådar och vägledning till oss själva från oss själva. Hur coolt är inte det?
Det kan vara viktiga pusselbitar för att förstå det som vi bearbetar på ett djupare plan. På det sättet

kan vi förstå och hjälpa oss själva att släppa taget
om sådant som inte bär frukt.

GUIDADE MEDITATIONER OCH DESS MAGISKA KRAFT:

Att göra olika guidade meditationer är enligt min mening en av den absolut bästa nyckeln till att låsa upp dörren till vårt undermedvetna.
Meditationer kan hjälpa oss att både komma i kontakt med vårt undermedvetna, vårt vardags jag och vårt högre jag.

För mig är meditation ett mycket magiskt verktyg.
I meditationen är allt möjligt.
Här kan vi omvandla och förändra vårt perspektiv och vår perception.
I vårt inre finns magiska världar som väntar på att bli upptäckta.

Vi kan finna de största skatterna i vårt inre.
Det är som en magisk skattkammare.
Att göra olika former av meditation är ovärderligt.
Meditation är en verklig källa till magi.
Jag brukar säga att jag inte varit där jag är om jag inte mediterat så mycket som jag gjort och gör.

Jag minns fortfarande min första guidade
meditation som det var igår även om det var mer
än 30 år sedan.

Den lämnade ett starkt avtryck i mig och det var
med skräckblandad förtjusning (dock mest
förtjusning) som jag förstod att detta verkligen var
ett mycket starkt verktyg av magisk kraft som
fanns inom oss.

Under åren som gått har jag haft otaliga
meditationsgrupper där jag gjort guidade
meditationer plus alla andra sammanhang med
kurser och utbildningar som jag medverkat i.
Det som fascinerar mig själv är att jag aldrig har
behövt förbereda detta.

Jag sätter mig med gruppen och blundar och
börjar guida med avslappning, att alla kopplar sig
till sitt egna hjärta med jordens och universums
hjärta.

Sedan kommer det som ska komma.
Jag hör min mun säga det som ska sägas och
aldrig blir det samma slags meditation.
Detta är mycket fascinerande för mig själv.

Jag menar att det är oändligt hur stor variation och kreativitet som finns när vi öppnar för vår egna magiska kittel och kraft.

Hela universum ligger öppet.
Genom meditation kan vi få svar på alla frågor.
Vi kan få nya idéer och impulser.
Vi kan få förslag om hur vi kan gå vidare i olika angelägenheter.

Vi kan få hjälp med att hitta lugn och ro.
Vi kan få kontakt med guider hjälpare och andra sidan.
Vi kan få kontakt med tidigare liv.
Vi kan få kontakt till universums evighet.
Det finns ingen begränsning för vad och hur du kan uppleva i meditation. Allt är möjligt.
Att meditera är lika viktigt som att äta, dricka och sova när vi vill utvecklas i vår magiska kraft.

I alla tider har sagor berättats.
I sagorna finns de olika ingredienserna för att vi ska förstå och få en djupare insikt om det som utspelar sig på både gott och ont i livet.
Med hjälp av sagan kan vi hitta lösningar och bli medvetna om det som vi behöver göra eller inte göra för att komma till ett lyckligare och bättre liv och finna bra avslut.
Sagorna återspeglar olika delar och arketyper av oss själva.
Vi kan använda sagan för att översätta även det som är svårt att sätta ord på och att transformera/förändra känslor och tankar.

Jag vill med hjälp av sagans magiska kraft belysa den magi som finns tillgänglig inom oss. Sagorna i denna boken är som en metafor för att återspegla hur vi kan använda vår magiska kraft att transformera och förändra svagheter och svårigheter till styrka och framgång.

Här följer en av de sagor som jag har skrivit och valt ut att ha med i boken för dess speciella magiska kraft och som lyfter fram den feminina magiska kraften.

Magisk saga nr. 1

DEN MAGISKA KITTELN:

Det var en gång, det var ingen gång en liten flicka som mist sin mamma.

Flickans mamma hade hastigt dött och lämnat både flickan och hennes far i sorg och chock.

Hennes mamma som varit så levande, så klok och så sund och frisk.

Hennes plötsliga död ställde allt på ända och den lilla flickan saknade sin mamma både dag och natt.

En tid efter moderns död fann fadern en ny kvinna som flyttade in i det lilla huset.

Även om den nya modern för det mesta var snäll gentemot den lilla flickan så kunde hon inte ersätta modern som hon mist.

Ibland drog sig den lilla flickan undan och grät tyst efter sin döda moder.

På dagarna brukade flickan ströva mållöst omkring i skogen omkring det hus som hon bodde i tillsammans med sin fader och hans nya hustru.

Hennes styvmor sa ofta till henne att gå ut i skogen för att plocka pinnar till bränsle och bär och svamp för att dryga ut den mat som de åt.

Under sina promenader ute i skogen stannade
flickan ibland upp för att titta närmare på det som
hon såg och upplevde.
Vissa saker fångade hennes uppmärksamhet lite
extra. Det var stenar, pinnar, träd, löv och ibland
något djur.
Hon var ensam, men trivdes för det mesta på sina
ensamma skogsvandringar.
Hon kände en samhörighet med naturen.
Ibland hände det att hon lade sig ner för att titta
upp mot himlen.

Hon upplevde alla olika väderlekar och himlen
skiftade mellan olika typer av moln, dis, dimma,
regn, snö, solsken och stjärnor. Hon upplevde
månens olika faser mellan mörker måne, fullmåne
och nymåne.

Hon lärde sig årstiderna och följde naturens rytm
även för att veta vad hon kunde finna att ta till
vara på för kommande tider av kyla och snö.
Flickan växte upp och hon var en ung kvinna som
sannerligen var både klok, vacker och ett hjärta av
guld.

En dag kom en ung friare till det lilla huset i
skogen där flickan bodde.

Han hade fått nys om att där bodde en vacker
flicka som nu var giftasvuxen.
Han var otålig och ville genast gifta sig med den
vackra flickan.
Flickan som nästan aldrig sett några andra
människor än sin fader och styvmoder, tackade ja
till den ståtliga unga friaren och kände sig redo att
lämna den lilla stugan för nya äventyr.

När flickan skulle bege sig av så kom fadern ihåg
att flickans mamma hade lämnat en gåva som
flickan skulle ha när hon var stor nog att giftas
bort.

Han gick in i den lilla stugan och rotade fram
gåvan från modern som legat gömd under
fårskinn och garn som modern lämnat efter sig.
Det var en kittel.
Fadern mindes kitteln som blank och fin.
Nu såg den smutsig ut.

Den var matt och inte speciellt fin.
"Nåväl" sade fadern "det är ändå en gåva från din
döda moder. Du får ta den som ett minne med på
din resa och låta den få en plats i ditt nya hem".

Flickan virade ömt in kitteln i ett stycke tyg.

Så gav sig den unga vackra flickan iväg
tillsammans med sin nya make till sitt nya hem.

Hemmet var ståndsmässigt och vackert.
Flickan skulle nu vara mannens fru, hushållerska,
barnaföderska och värdinna.
Att vandra fritt i skog och mark var nu ett minne
blott.

Dagarna fylldes nu av alla sysslor som
förväntades av en god hustru.
Sakta började flickans energi att falna.
Hon vaknade trött och somnade trött, allt i hopp
om att mannen skulle vara nöjd med henne som
hustru och fru.

Hon ansträngde sig än mer för att behaga sin man.
Mannen som egentligen var en bra man, var mest
bortrest på olika affärsresor.
Flickan började känna ensamhetskänslor
och längtade både efter modern och skogen.
Så mindes hon kitteln hon fått av sin mamma.
Hon tog upp den varsamt ur tyget som hon lindat
runt den.

Där var den.
Som en förbindelse till modern.

Hon tog tygstycket och började att putsa på kitteln.

Snart var den blank och man kunde till och med spegla sig i den.

Hon mindes hur modern använt den för att göra brygder i.

Det var örter, blommor och växter som modern hade kokat ihop i kitteln.

Hon mindes en gång när hon blivit sjuk och sängliggande hur modern tagit av brygden från kitteln och gett henne på sked för att hjälpa henne att läka och att bli bättre.

Hon fick en sådan lust till att genast samla de olika örterna som hon mindes att modern samlat till brygden.

Nästa morgon smög hon tidigt upp för att gå till den närmaste skogen för att samla örterna.

Hon måste göra det innan det blev dag så att ingen skulle upptäcka henne.

Hennes man hade gett henne stränga order om att inte gå ut själv när han inte var hemma.

Åh så friskt och härligt det var att komma ut i skogen.

Och se, där fanns örterna som hon mindes att modern plockat.

Hon fyllde korgen och gick sedan med raska steg
hem igen.
Nu började dagarna kännas mindre ensamma.
Flickan kände sig lättare till sinnet och hennes
energi och kraft återvände sakta men säkert.
Hon gjorde olika teer och brygder.
Hon hittade nya platser i skogen och ett överflöd
av växter, blommor och örter som hon kunde
använda i olika sammanhang.
Hon lade örterna i kitteln och kokade omsorgsfullt
ihop dem till den brygd som modern gjort.
Hon vaknade med ett leende och somnade med
ett leende.

Tills en dag när hennes make kom hem tidigare än
beräknat.
Plötsligt så stod han där i dörren.
Han blev vit i ansiktet av skräck.
Vad, vad gör du? "stammade han fram".
Flickan stelnade till när hon förstod att mannen
kommit hem tidigare.

Hon försökte gömma sin brygd och kittel.
"Inget särskilt", svarade flickan lite tafatt.
"Inget särskilt", vrålade nu mannen.
Hans rädsla hade nu omvandlats till ilska och
flickan blev nu rädd för hans vrede som blixtrade
ut genom ögon och mun.

"Jag har ju sagt till dig att stanna inne i huset när
jag är borta väste mannen.
Vad är det som du försöker gömma bakom din
rygg?
Ge mig genast det."

Flickan sträckte fram modens kittel och svarade:
"Jag ville bara gå ut lite i skogen och samla
blommor och växter."

"Då får jag låsa in dig nästa gång" dundrade
mannen.
"Du får skylla dig själv eftersom du inte kunde
lyda mig. Dumma flicka."
Flickan grät tyst.

Hennes man lämnade henne med ett bister utryck
i ansiktet.
Nu satt hon där ensam.
Vad skulle hon ta sig till.

Några dagar senare åkte mannen iväg igen.
Flickan hörde hur han vred om nyckeln och låste
från utsidan.
Aldrig i hela sitt liv hade hon känt sig så ensam
och ofri.

Dagarna gick, veckorna och månaderna gick.
Genom ett fönster kunde flickan följa månens
olika faser.
Det kändes ibland som att hon fick kontakt med
sin moder när hon drömmande tittade upp mot
månen.
Hon tyckte sig höra hur modern pratade med
henne.
Instinktivt fick flickan lust att leta upp kitteln som
hennes man tagit från henne.
Var kunde den vara?
Hon letade överallt. Under sängar, under stolar
och bord.
Det knep till i flickans hjärta när hon tänkte på
kitteln som hon fått från modern. Tänk om den
var borta för alltid.

Så till slut så fann hon den.
Där var den. Mannen hade slängt in den under
vedhögen och nu låg den där, nästan som att den
tittade på henne och log.
Flickans hjärta bankade.
Hon tog varsamt upp kitteln.
Tog en bit från kjolens tyg och började varsamt att
torka av den från smuts och damm.

Plötsligt så tyckte hon sig höra en röst.
Det kom från kitteln.

Flickan spärrade upp ögonen.
Hörde hon rätt?

Rösten upprepade sig och sa:
"Jag är din osynliga hjälpare, jag är din trogna
tjänare.
Jag hjälpte din mamma och nu är det dig jag
hjälper.
Du kan använda mig för att lägga det du önskar
bli av med, men även det som du vill samla på i
mig.
Det kan vara örter och växter men också tankar
och känslor.
Lägg din ensamhet i mig och vipps är den borta i
ett trollslag."

Flickan trodde varken sina öron eller ögon.
Hade hon blivit galen av sin ensamhet eller var
det verkligen på riktigt?
Hon måste prova.
Hon sa högt till kitteln som hon höll mellan sina
händer: "Jag ger dig min ensamhet."
Genast började det att komma som en dimma ur
kitteln.
Dimman formade sig som ett hjärta.
Hon tyckte sig höra små viskningar från kitteln
som sa: "Du är aldrig ensam. Det är bara en
känsla."

Känslan av ensamhet har ett budskap till dig.
Flickan flämtade till.

Rösten från kitteln fortsatte:
"Sök svaret i ditt hjärta."
Flickan blundade och lade sin hand på bröstet och
hjärtat.
Genom blusen kände hon hjärtats slag.

Hon fick minnesbilder från förr.
Hon såg sig själv tillsammans med modern och
fadern innan modern hade dött.
Hon kände sig glad, lycklig och tacksam.
Ensamheten var bortblåst.

Kitteln talade igen.
"Du bär själv kraften inom dig att ta bort
ensamheten.
Du bär din egna magiska kraft.
Jag är bara en påminnelse om detta."
Nu fick flickan bilder inom sig av skogen, träden,
växterna och djuren.

Det var som ett magiskt trollslag
All ensamhet och sorg var nu helt borta.
Hon såg för sitt inre bilden av sig själv i
ensamheten sakta försvinna bort. Det var som att
hon vinkade till sig själv.

Hon hörde rösten från ensamheten säga:
"Jag ville bara påminna dig.
Påminna dig om all den lycka och känsla av
gemenskap som finns inom dig.
Nu vet du."

Flickan grät nu stilla av tacksamhet
Aldrig hade hon känt sig så stark, fri och tacksam.

Sakta kände hon hur den magiska kraften spred
sig från hjärtat.
Magin fyllde nu hela kroppen.
En känsla av att vara ett med allt.
En känsla av att vara evig spred sig inom henne.
Aldrig mer behövde hon känna sig ensam.
Nu visste hon.
Varsamt lade hon ifrån sig kitteln.

Hon tänkte på sin make.
Tänk, det var ju faktiskt tack vare honom som hon
kunnat uppleva och upptäcka detta.
Så hörde hon nyckeln i låset låsas upp och där
stod hennes man.
Flickan for upp av glädje och lade sina armar
kring hans hals.
Hans förvånade ögon mötte hennes och hon
uttalade tyst de 3 magiska orden
"Jag älskar dig."

Ett magiskt skimmer höljdes över dem båda och
mannen uttalade även han de 3 magiska orden

"Förlåt mig för min dumhet" sade han.
"Det är klart att du får ha både din kittel och gå på
dina promenader i skogen."
Nu tindrade flickans ögon som stjärnor på
natthimlen.
Då ska jag ge dig av min godaste soppa och mina
bästa örter.
I ögonvrån såg flickan hur den magiska kitteln
blinkade till henne.

I ett tyst samförstånd med kitteln fanns det nu ett
band av kärlek och magi.
Flickan viste nu att kitteln var hennes bästa vän
och hjälpare.

Att svaren fanns inom henne själv.
Och att för all framtid kunde hon få hjälp att
lämna, släppa tankar och känslor som hon inte
ville ha i sitt liv till kitteln.
Med hjälp av sin magiska kittel kunde hon göra
magiska brygder till sig själv och sin man.

Snipp snapp snut nu är sagan slut.

Vad vill sagan om den magiska kitteln säga till oss?

I sagan "Den magiska kitteln" kan man se kitteln som den behållare som vi alla bär inom oss.

Att när vi går inåt i oss själva så får vi kontakt med vår egna magiska kraft och kittel.

Genom att gå till kitteln inom oss, så kan vi förstå vad vi behöver släppa taget om, transformera och förvandla.

Vi kan se det som vi behöver samla på för att göra våra egna magiska brygder.

Precis som i sagan så blir kitteln ovärderlig för oss när vi förstår magin i den. För flickan är det ett minne från modern och ett arv som hon håller kärt.

Symboliskt är kitteln inom oss som en god moder som vill vårt bästa.

Vi kan hämta kraft, näring och vår egna medicin från den.

I kitteln finns strävan efter balans mellan att göra och att göra inget.

Balans mellan att ge och att ta emot.

I kitteln kan vi samla men även tömma ut.

Att flickan mister sin moder är en symbolisk bild på hur vi mister kontakten med vårt inre efterhand som vi växer upp.

Vi föds alla med en magisk kittel inom oss.
Svårigheter, omständigheter och uppfostran gör
att vi mister kontakten till vår magiska kittel.
I sagan kommer flickans man och upptäcker att
flickan varit olydig och ej gjort som han sagt. Han
tar då kitteln och gömmer den, och så småningom
hittar flickan den när hon letar.
Man kan se det symboliskt som att vi har vår
kontakt till vår intuition men att det
maskulina/patriarkatet tar det ifrån oss vid en
punkt för att vi skolas att vara logiska,
vetenskapliga osv.
Under uppväxten blir vi programmerade och lär
oss att lyda de vuxna. Vi får veta vad vi får göra
och vad vi inte får göra. Hur man ska uppföra sig
och hur man inte ska uppföra sig.

Vi börjar att mista kontakten med vår inre värld.
Vi behöver en påminnelse om dess existens.
Ibland behöver något traumatiskt/svårt hända för
att vi ska återvända till vår kittel.
Det kan vara sjukdom, någon närstående som dör,
skilsmässa, olycka eller annat som vi upplever
som trauma.

Jag har bevittnat så många magiska ögonblick när
kvinnor återupptäckt och börjat använda sin
"magiska kittel".

Det är helt avgörande i vårt liv om hur vi reagerar och/eller agerar.

Vi har själva möjlighet att välja den magiska vägen där vi bestämmer hur vi vill reagera och agera.

Om vi tittar på sagan så väljer flickan vid ett antal tillfällen det som är bra för henne. Hon väljer hur hon ska agera och reagera.

I uppväxten vandrar hon i skogen och naturen. Detta ger henne en positiv känsla och samhörighet med naturen. Hon känner sig inte ensam i naturen.

Senare väljer hon att gå ut i skogen och att ta kitteln med sig för att samla de örter som hon mindes att moden gjort.

Symbolisk är det att hon som barn haft en "space" för sig själv och att hon senare väljer/agerar att komma till sin egna space igen.

Hon väljer att ta med kitteln för att hon mindes moderns brygder och vill agera och göra liknade själv.

Kitteln är ju som vi vet symboliskt för vår inre magiska kraft.

Här väljer flickan att använda sig utav den.

Kanske är det för att hon har lärt sig det, eller att hon intuitivt känner att hon ska för att hon har med sig det som en förmåga.

Att välja den magiska vägen är detsamma som att välja utifrån vårt hjärta, intuition och känsla. Det är att veta att vi kan omvandla en situation, tanke och känsla till något som vi önskar och vill.
Det är att omvandla oss själva från att vara offer till att vara gudinnan, drottningen, häxan, den visa kvinnan i vårt egna liv.
Om vi upplever ett problem som vi väljer att omvandla, transformera och vi inte lyckas att välja den magiska vägen så behöver vi titta på de ingredienser som gör att magin inte fungerar.
Offerskap är en sådan ingrediens som gör att vi kör fast eller känner oss hindrade. Att känna sig som ett offer tar oändligt mycket kraft.
Det är en nedåtgående spiral som gör att vi tappar fart, lust och kraft.
Om vi tittar på sagan igen så ser vi att flickan tillfälligt blir ett offer när hennes man låser in henne.
I sagan bryter flickan offerskapet när hon börjar leta efter sin kittel och sedan finner den. Hon ställer sig också frågan: vad ska jag ta mig till. Hon accepterar inte att hennes man tagit och gömt kitteln från henne.

Detta startar en serie av handlingar och här börjar hon använda sin magiska kraft.
När hon sedan putsar på kitteln så tycker hon sig höra en röst.

Hon skapar symboliskt kontakt med sin egna inre kittel och magiska kraft, sin inre hjälpare och goda moder.
När hon sedan börjar att använda den magiska kitteln (sin magiska kraft) tar hon kontakt med sitt hjärta.

Hon känner sig inte ensam längre när hon skiftar till att gå in i sig själv och så har den magiska kraften börjat att verka. Hon styr sitt liv i den riktning som hon önskar och vill.

Hon blir gudinnan, drottningen, häxan och den visa kvinnan.

Vi kan översätta detta till alla olika situationer i våra liv.

Vi har själva förmågan och den magiska kraften att förändra och transformera. Vi kan medvetet välja att gå inåt och att lyssna på vårt hjärta.

Vi kan medvetet se när vi blir offer men också
välja att bryta offerskapet för att bli gudinnan och
häxan i vårt egna liv.
För att bryta de mönster som vi
omedvetet/medvetet hamnar i så kan vi använda
oss av magiska ceremonier och ritualer.
En ceremoni/ritual är ett uråldrigt sätt att fokusera
energi och önskningar för att
förändra/transformera det som vi vill avsluta,
påbörja och manifestera.

ALTARE

Att göra sitt egna altare är en magisk
handling.
För mig är altare en helig plats som jag
kan skapa precis överallt.
Att använda altaret till ceremonier ger extra kraft
till ceremonin.
Genom att använda de attribut, föremål, symboler
och bilder som jag väljer, så skapar jag en plats
där jag kan återknyta min energi för att lättare
komma i kontakt med de energier som jag önskar.

När jag ser hur kvinnor dukar sina bord så brukar
jag tänka på att det finns inom oss. Att skapa och
vara kreativa men även att göra våra "altare".

När vi gör och har vårt altare så skapas det och byggs upp en energi på platsen.

Energin byggs successivt upp och vi kan själva påverka den på olika sätt.

Ett altare påminner oss om den andliga och magiska sidan av livet.

Vi kan återvända till vårt altare varje morgon eller kväll.

Kanske känns det som att det räcker med en gång i veckan.

Det är bara du själv som bestämmer hur ofta du vill ägna dig åt ditt altare och den magiska kraften som du skapar.

Man kan ändra altaret efter årstider, eller årstidshjulet.

Kanskc vill vi ta hjälp av en specifik gudinna eller ängel.

Att ha en bild eller symbol som hör till gudinnan eller ängeln kan hjälpa till att förstärka den energin som du vill arbeta med.

Jag tycker personligen om att ha ett eller flera levande ljus på altaret.

Det skapar även en skön magi med kristaller och en auraspray eller någon olja som man kan använda i auran för att rena.

Att dra ett orakel kort och att meditera en stund är pricken över i:et.

Här följer en magisk ritual/ceremoni att bryta offerskap och att ta tillbaka din magiska kraft.

Att ha till hands:
Papper och penna
Ett ljus och tändare
Något att elda i.

När du startar så grundar du dig till jordens hjärta och sammankopplar med ditt hjärta till universums hjärta.

Om du inte vet vad ditt offerskap handlar om, försök att ta reda på det.
Du kan prata med en vän eller göra en magisk meditation för att veta vad det handlar om.
Om du redan vet vad ditt offerskap handlar om så kan du tyst så be dina hjälpare om hjälp och be de hjälpare som du vill ska närvara i din ceremoni att komma.
Tex. någon gudinna, ängel, mästare, kraftdjur eller annat som du tycker passar i sammanhanget.
Du kan be tyst eller högt, vilket du önskar.
Skriv sedan ner på papper det du önskar släppa taget om i situationen.

Bränn upp pappret i det som du ska elda i, t.ex.
kittel.

Lägg sedan händerna på hjärtat och bröstet och se
för ditt inre hur du önskar, och ta sedan emot det
som kommer till dig tex. en färg, känsla, symbol
eller bild.

Avsluta ceremonin genom att tacka dina hjälpare.

ATT VÄXA I DIN MAGISKA KRAFT:

När vi väl fått tag på vår egna magiska
kittel så är det dags att växa och utveckla
den magiska kraften.

Vi kommer att stöta på nya hinder och prövningar
och därför är det viktigt att vi är vakna,
uppmärksamma och iakttagande angående oss
själva och vårt egna agerande och hur vi reagerar i
diverse situationer.

Vi kan se det som en trappa som vi går upp för.
För varje steg blir vi prövade på olika sätt om vi är
mogna till det nya steget.

Det är viktigt att vara medveten om att när vi tar
stegen och vi blir prövade så är det lätt att ge upp

eller att stanna kvar för att slippa ta itu med
känslor och tankar som känns obehagliga.
Att använda vår egen inre visdom och intuition
och magiska kraft är direkt avgörande för hur vi
"lyckas" att komma vidare genom denna process.

Att använda våra sinnen, vår intuition och att lägga märke till skiftningar och förändringar är helt avgörande för huruvida vi går vidare i vår utveckling med vår magiska kraft.

I sagan iakttar flickan saker i naturen.

Hon minns modern och hur hon plockat örter och gjort brygder.

Hon lyssnar inåt och använder sitt hjärta och sin intuition när hon vänder sig till kitteln för att känna glädjen och bandet till modern.

Hon lägger märke till skiftningarna i naturen, månens faser och humöret hos sin man

Hon finner kitteln till slut och tycker sig höra en röst, dvs sin egna intuition.

Allt detta är avgörande för att hon sedan ska kunna komma vidare med sig själv och använda sin magiska kraft för att transformera det som känns olyckligt till det som hon önskar och vill.

För att skapa en magisk formel så behövs olika ingredienser. När man blandar ihop olika ingredienser så uppstår något nytt.

När vi använder våra sinnen tillsammans med vår intuition så blir det som en magisk formel.

Att lyssna, iaktta, se, använda hjärtat och
intuitionen är en av de bästa magiska formler och
vi kan variera i det oändliga.
Hur magiskt är inte det!

Min erfarenhet säger att kvinnor ofta har en
närmare och naturlig känsla för intuition och att
lägga märke till saker, därmed inte sagt att män
såklart också har denna förmåga.
Ofta när jag har varit på något nytt ställe med min
man så frågar jag honom om han lagt märke till
saker som jag sett. Han brukar titta på mig
förvånat och svara: "Nej det gjorde jag inte."
Just detta har jag hört många andra kvinnor
berätta.

Kvinnorna ser ofta vilka färger som finns i
hemmet, vilka gardiner man har, vilket typ av
golv som finns i bostaden, ja listan kan göras lång.
Tillsammans med intuition och känsla kan vi ofta
också "känna av" det som finns bakom orden och
en välordnad fasad (eller icke välordnade).

Ett exempel är att man som mamma lär man sig
snabbt att " scanna" av sitt barn i olika situationer.
Vi får känslor och förnimmelser och märker
skiftningar och förändringar som ligger bortom
orden.

Denna förmåga kan vi finslipa så att den blir
knivskarp.

Vissa föds med den knivskarpa förmågan, andra
får träna förmågan och blir bättre och bättre på att
använda sina magiska förmågor.

För mig är det tydligt att vi alla har magiska
förmågor mer eller mindre med oss från tidigare
liv och från liv innan vi föddes på jorden.

Ibland kan det hjälpa oss att komma i kontakt
med ett eller flera tidigare liv där vi haft våra
magiska förmågor synliga och använt dem.

Jag upplever det som ganska vanligt att man kan
ha blivit straffad och till och med dödad för dessa
magiska förmågor i tidigare liv, vilket gör det lite
svårare att tillåta sig att släppa fram dem igen av
rädsla som påverkar undermedvetet och håller
tillbaka och blockerar.

Det kan vara viktigt i vissa skeenden att ta reda på
och arbeta med de tidigare liv som håller tillbaka
de magiska förmågorna av olika skäl.

Man kan själv arbeta med att ta reda på det
genom meditation, regression och att få hjälp av
någon med medial förmåga.

Våra magiska förmågor är vårt inre guld, vår
diamant och vår rikedom.

Du föddes denna gången till detta liv för att gräva och ta fram din magiska skatt. Det är en kärlekshandling både till dig själv, de som kommer efter och till vår älskade moder jord att ge dig själv den möjligheten.

Det är absolut inte någon slump (eftersom den inte finns) att du känner dig dragen till det du gör, eller att du läser denna boken just nu.

Allt har en mening och ibland är det lätt att finna meningen och ibland tar det lång tid att förstå vad meningen var. Vissa gånger får vi kanske inte tag på vad som var meningen……och vi får släppa taget och ha tillit till den högre kraften som genomsyrar allt liv på jorden och ut i universum. Det är som att lägga ett pussel eller som att skala en lök.

Det är många bitar och många lager som vi behöver få ihop och skala av bit för bit för att nå vår inre kärna för att kunna stråla och släppa fram vår magiska kraft.

ARVET

En berättelse om energi som går i arv mellan generationerna.

Det var en gång en flicka som växte upp i en familj med en förtryckt mamma och en pappa som var härskare och förtryckare.

Pappan hade perioder av missbruk, då han drack mängder av alkoholhaltiga drycker.

Under dessa perioder blev pappan våldsam och humöret var aggressivt och krigiskt.

Både flickan och mamman försökte att freda sig gentemot pappan och hans aggressivitet.

Det var en svår situation.

Flickan och mamman kände att livskraften rann ur dem och att i deras hem lades en dimma av negativ energi som sedan låg kvar länge efter pappans perioder av missbruk och aggressivitet. Mellan perioderna var pappan som "vanligt" igen och lugnet bredde ut sig sakta och successivt i hemmet igen.

Flickan hade lagt märke till ett flertal gånger att när pappan tog till missbruket och alkoholen så blev han som förbytt.

Pappan blev som en annan person.

Den annars lite tystlåtna och tvära/trumpna man
som han brukade vara byttes om till något som
hon ibland kunde uppleva som ett väsen som då
också trängde ut genom pappans ögon och mun.
Det var som att ögonen fick liv av väsendets onda
och mörka energi.

Ur munnen kom det väsande ljud som var
väsendets sätt att sätta skräck och rädsla i dem
som fanns runt omkring.
På det sättet kunde väsendet ta kraft från
människor som fanns runtomkring i
omgivningen.

Ju mer rädsla det kunde skapa för de som fanns
runtomkring desto mer kunde det ta och få kraft.
Väsendet hade fått sin plats i pappans kropp när
hans pappa hade dött.

Då hade väsendet bytt plats från far till son.
Sonen var väl förberedd utan att veta något om
det.
Han hade varit utsatt för negativa, nedtryckande
handlingar och ord från fadern under hela
uppväxten.

Det hade lämnat djupa sår och ärr som sedan
väsendet kunde bosätta sig i.

Det märkliga var att pappan inte själv märkte
förändringen eller att han själv blivit mer
ondskefull sedan hans far hade dött.
Flickan lärde sig att parera mellan pappans anfall
och aggressivitet.

Han var väldigt nyckfull under perioder.
Hon lärde sig att tona ner sin existens och energi.
Genom att nästan bli osynlig kunde hon undgå de
värsta attackerna.

Flickan blev så småningom vuxen.
Hennes mamma var nästintill helt osynlig nu.
Nästan helt borttynad.
Flickan hade successivt börjat leva ett annat slags
liv där hon kunde bli mer och mer synlig igen.
Återträffarna med föräldrarna kändes
smärtsamma och det blev längre och längre
mellan gångerna som de sågs.
Flickan förälskade sig och gifte sig så småningom
och födde två barn.

Hon kände sig äntligen levande igen.
Det var så mycket kärlek som flödade från hennes
hjärta.
Ibland kändes det nästan som att hon skulle
spricka av lycka.

Det enda var att hon märkte att hennes man fick
svackor i humöret, vilket skvätte över på henne
och barnen.
Hon som lovat sig själv att inte bli "tillfångatagen"
och insnärjd i något drama igen.
Hon ville vara fri.

Hon ville känna kärlek, glädje och harmoni i livet.
Successivt kände nu flickan att livsenergin
försvann mer och mer från henne och hemmet.
En tyngd av sorg som också kom från uppväxten
och det förflutna och minnet om hur hennes
uppväxt färgats av rädsla och förminskning.
Dåtidens upplevelser från uppväxten blandades
med nutiden och den nya familjen.

Flickan hade svårt att se klart på vad som var
verkligt och på vad som var från det förflutna.
Det kändes som att en dimma lade sig framför
flickans ögon.
Inte ens med den största envishet och
ansträngning kunde hon ta bort dimman.
Dagarna flöt ihop och det mesta blev till slut
likgiltigt.

Det var dimman och energin inom henne som
tyngde ner både inom henne och runt omkring
henne.

Hon såg på sina barn och önskade av hela sitt
hjärta att de aldrig skulle behöva gå samma öde
till mötes.
Någonting började nu sakta att gro djupt inne i
flickans hjärta.

Det var hennes kärlek till de båda barnen men
även kärleken till djuren och naturen som gav
näring till de små fröna som låg planterade i
flickan hjärta.
Fröna av kärlek till barn, djur och natur var hon
född med och hon hade ärvt dem genom sitt
cellminne från sin mormors mormors mormors
mor.

De små fröna skavde i hjärtat.
Det var som att de levde sina egna liv.
När hon kramade barnen eller lät solen lysa i
ansiktet, eller kände katterna stryka sig kring
benen så fick de små fröna mer och mer kraft och
näring.

Mannen som var mer och mer frånvarande i sitt
arbete hade perioder då han fräste både åt henne,
barnen och djuren.

En vanmakt och hopplöshet spred sig inom
flickan.
Vanmakten och hopplösheten blandades med
fröna som nu levde sitt egna liv i flickans hjärta.
Det var som en ond tand i hjärtat som skulle dras
ut. Både skönt och ont.

En dag då flickan skulle hämta sina barn på dagis
så råkade hon snubbla.
Hon föll så hårt att hon faktiskt svimmade av och
blev liggandes på marken en lång stund.
En stor ängel från andra sidan ställde sig
beskyddande och bekymrad över henne.
När flickan slog upp ögonen tittade hon rakt in i
ängelns ögon.

"Vem är du" frågade flickan förvånad?
I sina tankar fick hon svaret snabbt från ängeln:
"Jag är du i en annan dimension. Jag är minnet av
din mormors mormors mormors mor.
Jag älskar dig" sa ängeln.
Se dig själv och det fantastiska ljus och all den
kärlek som strömmar genom ditt hjärta.
Flickan blev förvirrad.

Menade ängeln att det både var hon och en
släkting tillbaka i tiden?

Hon förstod inte men gned sig i pannan och i
ögonen för att lätta på trycket och för att kunna se
klarare.
Här sa ängeln.
Ta den här.
Hon räckte fram ett skrin med vackra snäckskal.
Flickan satte sig upp och öppnade det vackra
skrinet som var gjort av snäckskal.

Hennes ögon blev nu stora som tefat.
Inuti skrinet fanns en portal och en dörr till ett
alldeles fantastiskt landskap.
I landskapet såg och kände hon en harmoni och
kärlek som hon aldrig känt och upplevt förut.

Det fanns vackra hus och fantastisk natur med
djur och människor som tycktes leva i harmoni
och kärlek.
Det fanns en stor regnbåge i fantastiska färger som
speglade av sig på allt som fanns runtomkring.

Plötsligt lade hon märke till att både hon själv,
sina barn och sin man satt vid en träbro.
Vattnet flöt så vackert framför dem.
Det var alldeles rent och kristallklart.
Både solen och regnbågen återspeglade sig i det
och det var fullkomligt magiskt.
Nu grät flickan.

Inte av sorg utan av lycka.

Det mörker av vanmakt och hopplöshet som hade
slagit fäste i henne började sakta att rinna av.
Hon såg mannen ta hennes hand.
Sedan viskade han något i hennes öra.
Hon såg sig själv le och skratta till.

Så hörde hon ängelns röst igen:
Tro på dig själv och dina drömmar. Det som du
tror på kan bli verkligt.
Håll fast vid ljuset och magin. Låt aldrig mörkrets
energier segra.

Flickan vände sig om för att se ängeln ännu en
gång men nu var både ängeln och skrinet borta.
Det var precis som att det aldrig existerat.
Flickan reste sig upp och borstade av sig och gick
sedan för att hämta sina barn.
Barnen kramade hennes händer, ben och hals.
De små fröna som skavt så länge i hennes hjärta
hade nu fått rötter och började att sakta spricka ut
för att växa.

Solen lyste i flickans ansikte och hon höll sina
barns händer.
Värmen spred sig, nu kunde inget mörker stoppa
den växtkraft som fanns inuti flickans hjärta.

Ljuset skulle segra tillsammans med kärleken
både till sig själv och till hennes omvärld.
Tillsammans med barnen började hon nu sjunga
en sång som hon själv sjungit många gånger och
mindes från när hon var barn.

I natt jag drömde något som jag aldrig drömt
förut.
Jag drömde det var fred på jord och alla krig var
slut
Jag drömde om en jättesal där statsmän stod på
rad.
Så skrev dom på ett konvolut och alla krig var
slut.
Det finns inga soldater mer det finns inga gevär
Och ingen känner längre till det ordet militär.

Snipp snapp snutt nu var sagan slut.

Vad kan vi lära oss från sagan Arvet?

I sagan Arvet så får vi följa flickan och hur hon
försöker att frigöra sig från barndomens sår och
programmeringar.
Vi får följa flickan när hon upplever att såren och
programmeringarna som hon fått under sin

uppväxt triggas och upprepas tillsammans med
mannen som hon gifter sig med och skaffar barn.
Hon får svårt att skilja på dåtid och nutid med det
hon känner och upplever.
Vi får uppleva och få en förståelse hur det vi ärver
gör djupa avtryck i oss.

Vi får uppleva att kärleken som flickan i sagan har
ärvt från sin mormors mormors mor är den
magiska kraft som hjälper den unga kvinnan och
mamman att vilja förändra det negativa som hon
vuxit upp med och som hon ser upprepas hos sin
man.

Vi får veta att kärleken till barnen, djuren och
naturen finns som ett arv från mormors mormor
mor.

Att det som vi ger näring till växer.
I sagan väljer den unga kvinnan att ge näring till
de frön som hon ärvt – kärleksfröna.

Hon tror på kärleken och dess magiska kraft.
Hon tror på magi och sin egna förmåga att
påverka sitt liv.

Hur viktigt det är att tro på sina drömmar och att
hålla fast vid ljuset och det goda.

I sagan är asken en symbol för det vackra
landskap som vi har i vårt inre.
Asken är en symbol för hjärtats magiska kraft och
genom att öppna asken så kan vi få tillgång till en
magisk värld där allt är möjligt.

Hur kan vi översätta det till våra egna liv?
Att även när vi finner oss i negativa upprepningar
i förhållanden och från upplevelser i livet så kan
vi alltid välja om och välja att se det ljusa, det som
ger oss kraft.

Detta är din magiska förmåga.
Den kan vi använda gång på gång.
Vi blir säkrare och snabbare att skifta från mörker
till ljus ju mer vi använder oss av magin.

MAGISK CEREMONI FÖR ATT TRO PÅ DIN MAGISKA KRAFT

Att ha till hands:
Ett glas eller skål med vatten
Papper och penna
Ett skrin eller en ask
Ett tänt ljus

När du startar så grundar du dig till jordens hjärta och sammankopplar med ditt hjärta till universums hjärta.

Sitt på en ostörd plats.
Placera skålen /glaset med vatten framför dig.
Ställ det tända ljuset bredvid.
Ha det andra till hands.
Be de hjälpare som du vill ska närvara att komma.
Tex. någon gudinna, ängel, mästare, kraftdjur eller annat som du tycker passar i sammanhanget.
Du kan be tyst eller högt, vilket du önskar.

Blunda en stund, ta 3 djupa andetag och andas djupt ner i magen.
Titta nu ner i vattnet en stund.
Låt det som vill komma upp inom dig, komma upp.

Lägg märke till känslor, tankar, bilder och annat
som dyker upp.

Skriv ner det på pappret.
Blunda nu en stund och titta in ljuset.
Ställ fråga inom dig om hur dukan använda din
magiska kraft och att tro på ditt inre ljus i den
aktuella situationen.

Ta emot det svar som kommer till dig och skriv
ner det.
Lägg nu texten i skrinet.
Ställ skrinet på en skyddad plats och tänd gärna
ljuset så ofta du kan.

Häll ut vattnet samtidigt som du ber de tankar,
känslor och annat som stör dig, att följa med när
du häller ut det.

Obs! om du behöver och vill ägna mer tid åt att
släppa taget om något som kommer upp inom dig
använd dig av Ceremoni nr.1

KVINNAN MED LJUSKLOTET

D et var en gång en flicka som föddes i ett
hem med två föräldrar som träffats som
unga på ett dansställe.
Mannen, som var flickans pappa, var en ärlig och
rättskaffens man och hennes moder var av den
tystlåtna typen.

De båda föräldrarna tyckte att deras flicka var det
finaste i hela världen.
Modern kunde dock se att flickan inte riktigt var
som de andra barnen och när modern förde det på
tal så viftade fadern bort det med hela handen.
Åren gick och flickan utvecklades till en ung och
mycket vacker kvinna.

Från att ha lekt, sprungit och skrattat med mycket
energi satt nu den unga vackra kvinnan på sitt
rum. Hon tittade ut genom sitt fönster och
drömde.
Om man frågade henne om vad hon tänkte på så
avbröt hon tvärt och svarade att hon inte tänkte på
något särskilt.
Flickan kanske inte ens visste själv men hennes
dagdrömmar förde henne på resor mellan
dimensionerna.

Stora änglar och guider stod runtomkring henne
och hon gjorde även astrala resor där hon
färdades till planeter, galaxer och stjärnor långt
utanför vad en vanlig människa kunde föreställa
sig.

Det fanns något förtrollande över flickan där hon
satt och drömde. Hennes far ville att hon skulle
sluta upp med drömmerierna och ge sig ut i
världen och ta lite mer ansvar.
Hennes moder hade bekymmersveck i pannan
men sade inte så mycket eftersom hon var av den
tystlåtna typen.

Dagarna kom och gick.
Ibland ringde nu även någon ung man på dörren
för att få pappans tillåtelse att träffa den unga
vackra förtrollande flickan.
Fadern, som var en rättskaffens man, ville att
träffarna mellan flickan och någon ung man skulle
ske under kontrollerade former, och flickan fick en
lång föreläsning om vad som var lämpligt och om
vad som inte var lämpligt enligt fadern.

Det var som att en mörk kraft började slingra sig
uppför flickans fötter och ben när alla restriktioner
om vad som var lämpligt eller ej kom ut ur
faderns mun.

En känsla av att vara kontrollerad och ofri fick sitt
fäste i flickans mage.
Hon kunde känna den mörka kraften komma,
speciellt när hon var stilla, när hon dagdrömde
eller när hon skulle sova.

När hon dagdrömde eller när hon skulle sova.
Den mörka kraften kändes som en boja och hon
började mer och mer känna sig kontrollerad och
styrd av den mörka kraften.
Hon kunde se den lura i mörkret med gula ögon.
Hon kunde känna den som en rastlöshet och
ibland även som ångest.

Flickan började gå ut för att roa sig. Hon tog ut på
både dans och disco.
Hon var uppe till sent på nätterna och stupade
sedan i säng för att slippa känna den mörka
kraften.
Den mörka kraften både sög och tog energi från
henne nu.

Vid ett tillfälle försökte hon komma till tals med
sin mamma om det, men mamman hade då
smittats så mycket av pappans viftande händer
som viftade bort det mesta, och viftade därför bort
flickans förtroende till livliga fantasier.

Nu längtade flickan bort, så långt bort som hon
någonsin kunde komma. Hon trodde att hon då
skulle hon kunna undkomma den mörka kraften.
Hon gav sig nu ut i den stora världen som hennes
far hade förespråkat och lämnade dem med
faderns förmaningar om vad som var lämpligt
eller ej och moderns sorgkantade ögon.

Flickan reste land och rike runt och ibland sov hon
i ladugårdar i höet och ibland hos vänner som hon
skaffade sig längs med vägen. I städer tog hon in
på hotell och betalade med pengar som hon
tjänade på diverse ströjobb.

Ibland var den mörka kraften helt borta och
ibland kom den plötsligt som en tjuv på natten.
Flickan kunde då få hjärtklappning och känna sig
jagad och måste vända sig om för att se om det
fanns någon där som jagade henne.
Hon fick mardrömmar där hon jagades av odjur
och hon kunde vakna kallsvettig med hjärtat i
halsgropen.

Sedan kom dagen och ljuset och då var allt som
bortblåst och som att det aldrig hade skett.
En dag kom flickan till en plats där hon nästan
kände sig som hemma. En ung vacker man som

haft ögonen på flickan visade mod och frågade om
hon ville gifta sig med honom.
Hon kunde inte förstå vad denna vackra unga
man kunde se hos henne.
Hon var ju både oansvarig, drömmande och
brottades med en mörk kraft som ibland nästan
kvävde henne.

Hon svarade snabbt ja ifall han skulle ångra sig.
De gifte sig en dag när solen sken och
lyckönskades av vänner och familj långt in på
natten då fullmånen sken.

Mannen ville ha ordning och kontroll i hemmet
och det var ju rimligt att flickan skulle hålla i detta
när mannen liv fylldes av plikter och jobb.
Ibland så hänföll flickan till sitt drömmeri och fick
sedan dåligt samvete inför sin vackra man och
försökte kompensera med ett rent och städat hem.

En natt vaknade flickan av att hon hörde någon
sjunga en sång. Sången var så tydlig och hög och
det kändes verkligen som att någon stod och sjöng
bredvid hennes säng.

Flickans mamma hade dött något år tidigare i en
tyst sjukdom som överraskat dem alla.

Nu tyckte flickan att det faktiskt var hennes
mamma som stod där och sjöng.
Kunde det vara möjligt?
Hennes mamma var ju död.
Visserligen hade ju hon hört talas om släktingar
och andar som visade sig från andra sidan.
Men kunde det verkligen höras så här tydligt?
Hon hörde sin far och mors röst inom sig att det
bara var fantasier, så hon försökte att vifta bort
händelsen som hon lärt sig först av sin far och
sedan av sin mor.

Flickan började få svårt att sova och blev nu
tröttare och tröttare. Hennes unga man tyckte att
hon uppförde sig konstigt och försökte få ordning
på det hela med att bli mer noggrann med hur
flickan städade och höll ordning i deras
gemensamma hem.

En dag så var flickan så trött att hon inte kunde
stiga upp ur sängen.
Den mörka kraften låg tät ovanför henne. Den
slingrade sig runt hennes ben, armar och hals.
Hon kunde knappt få ett ljud ur strupen och låg
nu blek och orörlig i den stora sängen.

Hon låg i sängen i dagar som blev veckor och
mannen började gräma sig att hemmet nu var i
oordning och att hans fru var svag och klen.
När han frågat om giftermål hade flickans
livskraft varit stark.
Nu var det ett minne blott.
Skulle han försöka att göra sig av med henne på
något sätt eller skulle han bara försöka att blunda,
gå vidare som att inget hänt eller rent av bara vifta
bort det faktum att hans fru nu var en börda.

Han började sitta med ryggen mot henne och
låtsas som att hon inte längre existerade.
Hon var ju ändå inget längre. Varför skulle han
bry sig om flickan som var hans fru.

Inom flickan började märkliga saker att hända.
Fast att hon var i hemmet kunde hon plötsligt
uppleva att hon var någon annanstans.
Att modern som hon till en början viftat bort som
fantasier nu var med henne dagligen och
uppmuntrade henne på olika sätt.

En dag när mannen satt med ryggen mot sin unga
fru kunde han märka en skugga som rörde sig.
Han vände sig om och såg sin fru sitta och läsa.
Han viftade hastigt bort händelsen men det

kändes som att det var en tung kraft som andades
i hans nacke och öra.

Nu blev mannen både arg och rädd.
Han for upp från stolen och vände sig mot sin fru
och sa till henne att sluta upp med dumheterna.
Hon tittade förvånat med sina vackra ögon och
såg sin man mista både fattningen och kontrollen
för något som han anklagade henne för att ställt
till med.
Så såg flickan plötsligt i ögonvrån en mörk kraft
som slingrade sig upp för mannens ben och upp
över bröstet och halsen.

Vad var detta?
Hon kunde se och känna igen den mörka kraften
som även hon upplevt och blivit förföljd, kvävd
och styrd av i sitt vuxna liv.
Hon bad tyst i sitt inre om hjälp till sin man och
kände sin mamma tillsammans med stora änglar
komma i en närvaro som fyllde rummet med ljus.
Flickan blev nu alldeles lugn.
Mamman och änglarna satte ett klot av ljus i
flickans händer.

Ljuset från klotet spred sig ut i armar och bröstet
på flickan och hon förstod intuitivt att hon skulle
använda klotet av ljus till att hjälpa sin man att ta

bort den mörka kraften som nu helt och hållet
övermannat honom.

Flickan vände sig mot sin man och frågade om
han ville ha någon hjälp varvid han väste mellan
tänderna att om hon verkligen trodde att hon
kunde hjälpa så ville han se med egna ögon.
Sakta förde flickan ljusklotet till sitt hjärta.
Det började nu sticka och vibrera ända ut i hennes
händer.
Från hjärtat kändes en puls som slog hårt och
starkt.

Som att kärleken från ett högre plan nu slog i
hjärtat ut i hennes händer och fingrar.
Hon slog sina tunna armar runt mannens kropp
och höll honom länge nära sig.
Mannen som börjat tänka på att vifta bort flickan
lät henne nu hållas eftersom det kändes så skönt
med flickans händer och bröst.
En värme spred sig i mannens kropp och plötsligt
var det som att ett ljus eller låga tändes i hans
hjärta.

Det värmde så oerhört skönt.
Ju mer värmen spred sig desto mer försvann
känslan av obehag och rädsla

Det han känt flåsa honom i nacken och försökt att vifta bort började nu bilda en gestalt. Det såg ut som mannen fast när han var en pojke. Kanske 7-8 år gammal.

En händelse som mannen försökt att glömma och förtränga spelades nu upp i hans inre.
Han föste undan sin unga vackra fru med båda händerna och försökte vifta men misslyckades.
Hans fru flög baklänges och blev sittandes på golvet samtidigt som hennes man flög upp ur stolen och lämnade rummet.

Vad var det som hände?
Flickan tittade ner på sina händer och ner på sitt bröst och hjärta.
Inget syntes utanpå men inuti brann en eld av kärlek.

Ett klot som snurrade av kraft och ljus.
Hon kände sin mamma vid sin sida igen.
En hand på sin kind som spred värme.
Nu var flickans man irriterad. Vad hade hans unga fru ställt till med.
Det var som en klibbig smitta som hon smittat honom med. Han som var så ordningsam och gjorde rätt i det mesta. Han skulle nog få ordning på eländet.

Han skulle ställa hårdare krav på sin fru när det
gällde ett rent och städat hem. Det var slut på
dessa charader och drama som kom från fantasier
och påhitt.

På kvällarna brann lågan från klotet i bröstet på
dem båda.
Mannen som försökte blunda hårdare och hans
unga fru som hängav sig till sitt drömmeri och
drömde om kärlek och om att bli uppvaktad,
uppskattad och älskad.
Nåväl det var väl ändå för mycket begärt av en
sådan som hon. Hon svalde gråten som kom nära
när hon kände saknaden i bröstet komma nära.

Åren gick och paret fick så småningom både barn
och barnbarn. Mannens hand hade nu fastnat i en
stel position och om han nu skulle röra eller vifta
med den så var det med stor möda och
ansträngning som han kunde göra det.
Han hade stelnat i kroppen och både suckade och
stönade vid minsta rörelse.

Den unga kvinnan hade nu blivit liten och
förkrympt.
Som att hon bar något osynligt på sin rygg.
En dag såg hon sig själv när hon gick förbi
spegeln.

Hon var tvungen att spärra upp sina gamla ögon
för att se bättre.
Kunde det vara möjligt.

En liten pojke satt på hennes axlar.
Hon måste gnugga sig i ögonen och verkligen se
efter så att det inte var fantasier.
Men nej, han satt där.
Han hade en liten pinne av trä i sin ena hand som
han då och då piskade henne med på ryggen.
"Vem är du," frågade hon honom.
Pojken tittade på henne med tom blick och
svarade uttryckslöst "jag är din mans inre barn."
Men vad vill du och vad gör du på mig frågade
den nu äldre kvinnan?

Jag har suttit på din mans arm som viftat i alla år.
Ibland på benet och ibland på magen men till slut
gav jag upp mina försök att få hans
uppmärksamhet. Hans hand har stelnat och hans
ben är utan kraft och nu är jag här hos dig som en
sista utväg. Vill du snälla hjälpa mig?
Men kära hjärtanes då utbrast den nu gamla
kvinnan. Vad är det som du vill att jag ska hjälpa
dig med då?

Pojken satt tyst en stund och sedan började han
tala med darrande röst "Jo du förstår – jag blev

slagen som barn, uppläxad och jagad. Mest av min far men även ibland av min mor som sprang i min fars ledband."

Jag har inte kunnat få någon ro i själen och måste hela tiden ha något att göra för att slippa att tänka och känna för mycket. Nu har jag övergivit din man eftersom han inte orkar att springa mer.
Den gamla kvinnan tittade länge med stora forskande ögon på pojken.
Pojken fortsatte att tala: Jag vill egentligen bara vara fri att vara den jag är.
Men jag vet faktiskt inte hur eftersom jag glömt bort det på vägen när jag suttit än på det ena eller andra stället på din man för att få hans uppmärksamhet.

Nu ber jag dig så snällt jag kan om hjälp.
Kvinnan kände värmen i sitt bröst från klotet som nu var gammalt inne i bröstet. Värmen spred sig ut i händerna och ut från hjärtat. Pojken kröp upp i hennes knä.
Nu kallade kvinnan på sin gamla man som pustande och stånkande kom med en grinig uppsyn och satte sig med en stor suck bredvid henne.
Vad vill du, snäste han otrevligt.

Den gamla kvinnan lät hans otrevliga energi rinna av sig och sa väldigt långsamt till den gamla mannen.

Jo du förstår, vi har ett besök. Ett besök av en mycket fin liten pojke.

Han säger att han vill ha hjälp med att få var fri att vara den är, men han inte vet hur man gör.

Kan du hjälpa mig att ge honom ett råd så att han nu äntligen ska få känna sig fri och kanske även lite glad.

Mannen såg fortfarande butter ut och han tänkte vifta bort det han hörde men då la den gamla kvinnan snabbt sin hand över hans. Hon såg in i den gamle mannens ögon. Hon såg plötsligt en liten tår som började tränga fram från den gamle mannens ögonvrå.

Hon upprepade meningen sakta igen som ett mantra: Han vill bara få lov att känna sig fri att vara den han är. Han vill känna sig glad och munter.

Nu började mannen att gråta högt och tydligt.

Han grät så det stod härliga till.

Han snyftade och jämrade sig. Han grät högt så att det lät som att han nästan skrek.

Så sa han hulkande mellan skriken och jämrandet till den lille pojken som satt uppkrupen i knät på den gamla kvinnan – Du är fri att vara den du är. Du är äntligen fri. Det var jag som höll dig fången i alla år. Jag ville straffa dig för din olydighet och för att du aldrig lyssnade på varken far eller mor. Nu har du haft ditt straff och är fri att gå.

Pojken tittade överväldigad och häpen med öppen mun på den gamle mannen.
Och sa tyst -Ja men hur, jag vet inte hur?
Den gamle mannen slutade tvärt att gråta.
Han gned sig i pannan och försökte att tänka men tankarna blev bara en gröt och klumpade ihop sig.
Pojken tittade in i den gamle mannens ögon och la sin hand i hans.

Han sa med klar och stadig stämma-Fastän att du hållit mig fången så tycker jag om dig och fast att du inte lyssnat och hört mig så vill jag stanna hos dig.
Den gamle mannen blev nu mycket rörd och berörd.
I pojkens hand fanns ett ljus, ja det såg ut som en boll eller ett klot av ljus.

Pojken tittade på mannen med sina vackra ögon och sa: här ta den-bollen med ljus.
Jag fick den av din gamla fru. Sätt den i ditt hjärta så vet du sen hur jag ska bli fri.

Den gamla mannen visste nu varken in eller ut.
Sådana tokigheter hade han aldrig varit med om.
Han kände en svag vind i nacken och såg en mörk
kraft i ögonvrån och av ren och skär rädsla så tog
han snabbt emot klotet av ljus och placerade det
snabbt i sitt bröst och hjärta.

Nu började den gamle mannens leder och kropp
att knaka, ja det riktigt sprakade.
Han tittade med stora ögon på sin gamla fru som
även hon nu började förvandlas av ljuset från
klotet som spred sig mellan de tre. Värmen blev
till kärlek och det syntes ett band av frihet som
ledde de alla tre till rummet som vette ut mot
trädgården på husets baksida.

Pojken tittade först på den gamla kvinnan som nu
såg minst tjugo år yngre ut och sedan på mannen
som började få tillbaka sin ungdoms spänst och
humor.
Pojken kramade de bådas händer mycket länge
och väl.

Nu sa han från djupet av sitt hjärta tack till dem
båda.
Han klev ut i trädgården och sa högt och tydligt
med bestämd röst-nu är jag fri att vara den jag är.

Kvinnan och mannen stod länge kvar och tittade
efter pojken som de hörde skratta så mycket att
det smittade av sig till dem och de måste le.
Så kände kvinnan sin moder bredvid sig och att
modern blinkade med ena ögat.

Men detta behöll kvinnan inom sig och leendet
som spred sig spred en värme från hjärtat och gick
sedan långt utanför mungiporna.
Mannen som nu fått tillbaka sin ungdoms spänst
och humor tittade på sin ny unga fru med kärlek
och ömhet.

Jag finner inga ord sade han grötigt men tack för
att du är du och tack för att du hjälpte oss med
ljuset att övervinna mörkret så att vi äntligen blev
fria.

En lycka spred sig mellan mannen och kvinnan
och om man såg dem på håll så såg de ut som ett
nyförälskat ungt par som äntligen hade hittat
varandra. Kärleken strömmade emellan dem och
ut i oändligheten till det som varit, är och som
komma skall.

Snipp snapp snut så var sagan slut.

Vad vill sagan lära oss?

I sagan får vi följa flickan som blir vuxen och till slut en gammal kvinna.

Vi får följa både henne och så småningom hennes man genom deras livsresa och genom de utmaningar som de upplever och stöter på.

Vi får se hur hon med både trons, kärleken och medkänslans magiska kraft tar sig igenom olika hinder.

Hur hon får lära sig som barn, av sin far, vad som är lämpligt och hur hon ska uppföra sig.

Detta visar sig som en mörk kraft och en känsla av att vara kontrollerad och ofri.

Den mörka kraften påverkade även henne så hon fick svårt att vara still.

Hon måste hela tiden göra något.

Hon känner sig styrd av den mörka kraften.

När hon försöker ta upp det med sin mamma så blir hon ej tagen på allvar.

Den mörka kraften utvecklas till ångest.

Mardrömmarna som flickan får kommer som ett meddelande från det undermedvetna om att hon behöver förstå och titta på något.

Senare när flickan gift sig så fortsätter hennes man att kontrollera henne på liknande sätt så som hennes far gjort.

Ju mer drömmande flickan blir desto mer kontroll.
Hon blir hela tiden bortviftad och ej tagen på
allvar.
Hon blir ignorerad.
Hon lär sig att vifta bort/ignorera sig själv och
andra.

Hon mister tron på sig själv men behåller trots allt
tron på en högre kraft.
Vid tillfället när den mörka kraften slingrar sig
upp för mannens ben, bröst och hals börjar flickan
att använda sin magi.
Hon kallar på sin mamma från andra sidan som
ger flickan ett ljusklot= healing.
Här möter mamman upp flickans önskningar från
"andra sidan".

Vi kan se det som att vi själva kan möta våra
önskningar med hjälp av att kontakta det icke
synliga.
Att lyssna inåt och uppåt i en större helhet.

Hon använder magin först till sig själv och sedan
till sin man.
Magin gör att obehaget och rädslan avtar.
Åren går och viftandet/ignorerandet kvarstår.
I denna saga får vi åter igen bevittna hur Kvinnan
använder sig av kärlekskraften tillsammans med

en tro på något större som till slut skapar den magi som får de som är som en mörk kraft att lösas upp. Trots alla motgångar så finns det som en röd tråd genom sagan.

Vi får följa mannen och hans försök att hålla det som är obekvämt på avstånd.

Han viftar bort, ignorerar det som hans fru vill nå fram med.

Han bär själv på en mörk, dold sida som han har med sig från sin uppväxt.

Den starka magin som startar när kvinnan ser i spegeln och att hon får syn på pojken som tillhör mannen.

Hon väljer att inte ignorera.

Hon väljer att se med kärlekens och medkänslans ögon.

I sagan med kvinnan med ljusklotet, kan vi se hur bortviftandet och ignoransen gör att man som individ stelnar och tappar energi och livsflödet. Symboliskt kan man se kvinnan och mannen som en bild på den inre kvinnan och mannen som vi bär inom oss.

Att den kvinnliga delen vill nå den maskulina och få gehör.

När den får gehör blir vi helare som människor.

I sagan blir kvinnan gång på gång ignorerad och till slut börjar hon att själv ignorera. Ignorans är

en av de största upprepningarna genom historien och
genom historien har den feminina kraften blivit
ignorerad gång på gång. Det ingår i det
Patriarkala systemet att förminska kvinnan.
Det sker både inom kvinnor och män. Det sker
både i det inre och yttre.

Exempel: Vår inre kvinna kallar på oss medan vår
inre man ignorerar.
Vår inre kvinna ger till slut upp och blir som den
maskulina sidan.
Vi känner oss gamla, utan kraft och kanske åldras
i förtid.
Det som vi möts av utanför oss själva är en
spegling av något i vårt inre.

Ljusklotet i sagan kan vi se som en symbol för vårt
inre ljus och vår andliga kraft. Vi kan se det som
att ljusklotet hjälper oss att "se" och förstå och att
bli medvetna om det som ligger dolt. Att använda
vår intuition och att lita på den.
Kvinnan använder sig av den magiska kraften
med ljusklotet.
Ljusklotet är det som hjälper att förena kvinnan
och mannen.
I sagan kan vi se konsekvenserna av att ignorera
den feminina delen inom och utom oss, men ä och

utom oss, men även en hur det symboliskt kan bli
när vi tar tillvara på våra resurser som vi alla har
inom oss.

Först behöver vi medvetandegöra inför oss
själva om det finns något som vi faktiskt
viftar bort i oss själva.
Här har vi åter igen hjälp av meditationen och
dess magiska kraft.
I meditationen kan vi ställa frågor till oss själva
som:
Är det balans mellan feminint och maskulint inom
mig?
Om nej, vad kan jag göra för att få en bättre
balans?
Finns det något som jag omedvetet eller medvetet
viftar bort?

S kriv ut en labyrint/troje borg eller gör en
egen labyrint på marken /golvet.

Penna och papper.
Något att elda i.

När du startar så grundar du dig till jordens hjärta och sammankopplar med ditt hjärta till universums hjärta.
Skriv nu ner det som du vill balansera på ett papper.
Skriv på en mindre papperslapp det som du vill bli av med/släppa taget om.

Använd nu labyrinten som hjälp att släppa taget och som hjälp att "programmera" det nya positiva.
Om du har labyrinten på en utskrift och ett papper så följer du med pekfingret från start till mitten.
Under tiden tänker du på det som du vill släppa taget om tex något som du ignorerar.
När du kommer till mittpunkten så stannar du en stund och ser för ditt inre hur du släpper det som du vill släppa taget om.
Följ sedan med fingret inifrån och ut och tänk på att du nu har balansen och på det som du önskar dig.

Om du har valt att göra ritualen i en fysisk labyrint så gör du på samma sätt som ovan fast att du istället för att följa med fingret går sakta.

När du har gjort klart labyrinten så ska du bränna
upp det som du skrivit på den mindre lappen.

Rulla sedan ihop ditt större papper där du skrivit
ditt önskemål och knyt ett fint band runt. Lägg på
ditt altare eller en plats som känns bra.

TROJEBORG/ LABYRINT

I Sverige finns omkring 300 kända labyrinter, i
Finland cirka 200 och i Norge cirka 20. De
flesta svenska labyrinterna ligger ofta utmed
kusterna. De nordiska labyrinterna består ofta av
rader av kullerstenar, lagda i ett symmetriskt,
snarare än slumpmässigt, mönster. De flesta
labyrinter i landet härrör från 1300-talet och
framåt, ett fåtal äldre labyrinter är belägna i
anslutning till brons- och järnåldersgravar.

Labyrinter är mytomspunna, och de anses allmänt
ha haft en kraftig magisk betydelse. Många
labyrinter är belägna vid fiskeplatser där det
ansetts ge god fångst och vind att gå i labyrinter.
I södra Sverige går de ibland även under
namnet *trälborg* eller *trälleborg*.

I trojaborgarna skall en sorts folkliga lekar eller
skådespel ha försiggått, med temat av en ung man
som söker sig in genom labyrinten, kanske
besegrar faror på vägen, och slutligen når fram till
den unga kvinnan i mitten. Att leken har någon
sorts fruktbarhetstema och gammal bakgrund
råder knappast några tvivel om. Ännu in på 1700-
talet skall sådana lekar ha ägt rum.

Det finns många myter kring trojeborgen och vad
den använts till.
En annan historia är att båtar och skepp kunde
navigera med hjälp av dem.
Att i fören på båten satte man en kvinna (senare
galjonsfigur) för att "känna" av var linjen från
trojeborgen gick ut över havet. På det viset viste
man var man befann sig.

Man kan även finna de sju chakran i Trojeborgen
och i det sammanhanget kan man använda
Trojeborgen för att balansera chakra och de 7
chakrana finns representerade energimässigt i
Trojeborgen.

För mig är även Trojeborgen lik en hjärna och
genom att gå i den så stimulerar man att få balans
mellan höger och vänster hjärnhalva.

Man kan använda Trojeborgen för att gå in i den med en intention av vad man vill släppa taget om när man går in i den för att sedan släppa taget helt när man kommer till mitten, där man står en stund.

När man sedan börjar gå ut så har man med sig en intention om vad man vill bjuda in i sitt liv istället för det som man släppte taget om.

Att använda Trojeborgens mystiska kraft till ceremonier av detta slaget är mycket starkt och kraftfullt.

Här följer instruktioner till den magiska meditationen som du kan använda i olika situationer som du tycker den passar till.

(Du hittar den magiska meditationen även på Youtube: https://youtu.be/rlrtaq0FSvs)

Gör det behagligt för dig själv där du ska vara. Kanske vill du tända ett ljus, en rökelse, använda någon olja, spray eller blomsterdroppar.
Skriv ner din /dina frågor i din magiska bok.

Magisk meditation:
Sitt eller ligg bekvämt.
Slut dina ögon.
Ta några djupa andetag och andas in genom näsan, djupt ner i magen.
Kalla på de hjälpare som du önskar ska närvara i din magiska meditation.
Känn att de finns runt dig och om det är flera hjälpare, att de står i en cirkel runt dig.

Börja att slappna av successivt.
Starta med ditt huvud och föreställ dig en färg som är magisk för dig.
Låt nu färgen sakta sjunka ner genom ditt huvud.

Du slappnar mer och mer av för varje andetag
som du tar.
Avslappningen sprider sig ner genom hals, nacke,
axlar och armar.
Du ser för ditt inre hur din magiska färg sprider
sig in i varje del av din kropp.
Avslappningen sprider sig vidare genom mage
och underliv.
Känn att alla spänningar släpper och att du
slappnar av ännu mer.

Avslappningen sprider sig ner i benen och
fötterna.
Föreställ dig nu hur du förankrar dig ner i moder
jord.

Du kan visualisera rötter som växer ner i jorden
från dina fotsulor.
Den magiska färgen går ner i dina rötter.
Rötterna sträcker sig ända ner till jordens inre
kärna, till jordens hjärta.
Från jordens hjärta strömmar energi av magisk
kärlekskraft tillbaka till dig och till ditt hjärta.
Från ditt hjärta går nu energin upp genom ditt
bröst, din hals och ditt huvud.

Den magiska energin går vidare upp i universum
till universums hjärta.

Från universums hjärta strömmar magiskt ljus och
kärlekskraft tillbaka till dig.

Den magiska kraften från universums hjärta och
jordens hjärta möts nu i ditt hjärta och expanderar
ut i din kropp och energifält.

Se hur du befinner dig i en magisk pelare mellan
jordens hjärta, ditt hjärta och universums hjärta.
Tillåt dig själv att vara i den magiska kraften en
stund nu.
Nu kan du ställa den eller de frågor inom dig som
du önskar svar på.

Be att få ta emot svaret i din magiska ljus- och
kraftpelare.
Svaren kan komma som färger, former, symboler,
bilder, minnen.
Det kan komma som ett inre vetande, att du helt
enkelt bara vet svaret.

Ge dig så mycket tid du behöver.
Gör gärna en symbolisk bild av de svar du tagit
emot.
Tacka och kom sedan långsamt tillbaka i din egna
takt.
Minns ditt svar och din symbol och skriv ner/rita i
din magiska bok

ATT JORDA SIG.

Något som alltid återkommer och som vi mer eller mindre behöver tänka på inom andlig utveckling är att man behöver jorda sig.

Men vad betyder det egentligen att jorda sig?

För mig är bilden av ett träd med rötterna långt ner i jorden en mycket bra bild för att förklara och beskriva jordning.

Att vi symboliskt kan föreställa oss själva som ett träd och att vårt underliv, våra ben och fötter är en del av rötterna och rotsystemet. Stammen är vår kropp och kronan vårt huvud, hals, armar och händer.

Vi behöver alla delarna i en helhet och att jorda oss betyder då att vi kan växa både utåt och uppåt.

Utan rötterna och jordning så kan inte trädet få någon näring och då heller inte någon kraft att växa.

Om vi vill manifestera oss själva, våra drömmar och vår magiska kraft så är jordning ett absolut måste.

Hur kan vi jorda oss?

Vi kan jorda oss på en mängd olika sätt.

Att gå barfota i gräs eller barfota generellt.

Att vistas i naturen.
Umgås med djur.
Att bada, gärna i salt eller i epsomsalt.
Använda blomsterdroppar.
Massage och meditation.

Använda och omge dig med stenar och kristaller.
Utesluta socker, kaffe och processad mat.
Äta och dricka ekologisk och organisk mat
Undvika Wiifi och strålning.
Lyssna på musik med grundade frekvenser.
Vara närvarande i nuet.
Andas och meditera

Det absolut starkaste verktyget enligt min mening
att hjälpa oss själva bli mer jordade är att arbeta
med att läka våra rötter, dvs trauman och
händelser i det förflutna (tidigare liv och tidigare
generationers upprepningar och mönster).
Att göra dessa arbeten med oss själva är direkt
avgörande för hur vi kan vara mer grundade.

Det är magiskt att se vad som händer med oss
själva, vårt träd och våra rötter när vi gör healing
djupt ner i rötterna.
Mycket av det som döljer sig i rotsystemet kan
man se som symboliska stenar som hindrar

rotsystemet att utvecklas och att hämta näring
från jorden.
Ofta är vi inte själva medvetna om vad som
blockerar eftersom det ligger under ytan och i vårt
under undermedvetna.

Att ta hjälp av meditation, regression och liknande
kan hjälpa oss att få kontakt och komma ner i
rötterna för att hitta stenar och det som blockerar
för vår utveckling.
Jag tänker på att inte så långt tillbaka i tiden så
predikade prästen och kyrkan om att djävulen
bodde i underjorden och att det var farligt med de
krafterna som fanns där.
Att många av oss har lärt oss att man inte ska
gräva i det förflutna och att man bara ska se
framåt.
För mig är det tydligt att många kvinnor har en
naturlig förmåga att vilja förstå, analysera och
gräva i det förflutna. Att det finns med oss som en
naturlig magisk kraft.
Jag tänker att det har delvis med vår kraft och
energi att göra, och hur den rör sig.

En kvinnas energi rör sig mer i cirklar, spiraler
och ut i nät både neråt, utåt och uppåt.
Medans mannens energi är mer likriktad mer som
ett spjut och som rör sig åt ett håll.

Att ha en naturlig drivkraft i att vilja förstå, gräva, undersöka, analysera är verkligen en magisk kraft. När vi förstår vårt förflutna så kan vi bryta ohälsosamma mönster.

Vi kan ta medvetna beslut som hjälper oss att skapa en bättre framtid.
Vi får en förståelse för oss själva och varandra.
Vi blir inte så "färgade" av det som varit, dvs när vi skalar av och förstår det som varit och som påverkat oss på olika plan så är våra handlingar, ord, känslor och tankar klarare och renare. Vi kan vara och stå stadigare i vår magiska kraft.

Många av värderingar och normer som vi har i våra samhällen bygger fortfarande på de värderingar som kommer från det manliga och patriarkala sättet att se och styra på och med tanke på att vi energimässigt är helt olika så behöver vi kvinnor finna egna vägar och inte försöka för mycket att anpassa oss till de maskulina normerna och värderingar.

Vi har en lång väg kvar innan vi kommit till en jämnvikt och lika värde.
Min man brukar säga till mig att vi kvinnor får själva ta tillbaka det som tillhör oss eftersom de (männen)inte kommer att ge det till oss.

Ett sätt att ta tillbaka det som tillhör oss är att
förstå och se vår magiska kraft.
Att vi är så oändligt mycket mer än det vi ser.
Att vi har med oss vår egna historia och visdom
som sträcker sig tillbaka i tiden långt innan vi kom
till jorden.

Att vi är unika och att det finns ingen som just du.
Att du har rätt att känna, tänka och att vara precis
den du är.
Du är fantastisk och underbar, ja rent av
förtrollande.
DU ÄR MAGISK.

ATT ÄLTA/BEARBETA FÖR ATT
SLÄPPA TAGET:

För att få in nytt i våra liv så behöver vi göra
oss av med gammalt.
Detta är den magiska kvinnans väg.
Hon vet inom sig när hon kommer till en punkt då
det är dags att släppa, spotta ut, göra sig av med,
bränna upp, slänga och ibland även spy ut det
som är icke smältbart och kanske giftigt.
Ibland behöver vi bearbeta händelser och
upplevelser så att vi kan släppa.
Ibland behöver vi få älta.

Sluta nu att älta får vi höra.
Men kanske är det just det som vi faktiskt behöver
för att sortera ut och släppa det som är onyttigt
och ohälsosamt för oss.

Jag ser det framför mig som en deg som man
bearbetar.
Vi bearbetar den tills den känns slät och fin.

Då är det dags att låta degen att vila.
Nu får den ligga ifred och jäsa.

Den ligger till sig för att vi ska kunna baka det
bröd eller bullar som ger oss liv och kraft.

Precis så är det med vårt ältande.
Vi ältar och ältar tills en dag när det känns klart.
Då lägger vi det på paus.

Vi kommer sedan steg för steg vidare.
Vi börjar att släppa det som vi upplevde och som
påverkade oss negativt.
Vi kan hjälpa till i processen att släppa med hjälp
av många olika saker.
Vi kan använda oss av magisk meditation och
magisk ceremoni

En dag så kan vi använda det som vi ältade till
näring för oss själva och andra att dela med oss
som en erfarenhet och som ett stycke bröd.

Det ger liv och kraft att fortsätta på vår resa.
Att älta.

R E N I N G :

Att rena oss själva är av stor betydelse för
att bibehålla och underhålla vår magiska
kraft.
När vi utvecklar vår intuition och känslighet så
känner vi av mer och mer.
Att hålla vårt energifält rent och klart vibrerande
blir därför av största betydelse.

Hur kan vi rena oss själva?
Det finns en mängd olika sätt om hur vi kan rena
vårt energifält eller aura.
Att rena oss kan hjälpa oss med så oändligt
mycket.
Det kan vara negativa tankar, negativa känslor,
ord, händelser, ohälsa som vi renar oss från.
Vi bjuder in nya positiva energier.

Smudging

Smudging är en uråldrig metod för att rena och ta
bort negativa energier.

Vi kan använda oss av smudging dvs att bränna
torkad salvia på ett fat eller i en större snäcka. Ta
sedan med en smudging fjäder ta in Salvians rök i
vår aura. Man kan även använda händerna för att
ta in röken in i sin aura.

Tänd salvian eller det som du valt att bränna.
Blunda och sätt din intention med din smudging.
Kalla på dina hjälpare, änglar, gudinnor, mästare,
kraftdjur osv.
Ta sedan din fjäder eller dina händer till hjälp för
att föra in röken från Salvian in i din aura. Dra in
salvian och dra med dina händer eller fjädern i
din aura som att du skulle tvätta dig.
Dra uppifrån och ner.
Avsluta med att tacka och håll gärna dina händer
på ditt hjärtchakra.

Om du väljer att rena ditt hem så kan du starta
med att börja i en av hörnorna i rummet.
Ofta "fastnar energin i hörnor och skrymslen.
Fortsätt sedan att gå runt i rummet/huset tills du
känner att det är klart.
Öppna gärna fönster och vädra ut den gamla
energin.

Avsluta och lägg dina händer på hjärtat och tacka.

Att använda ljud som rening.
Vi kan använda ljud som klangskålar,
kristallskålar eller musik som vi väljer för att rena
oss själva och vårt hem. Du kan hitta en mängd
olika slags musik på Youtube för ändamålet.

Klangskålar och kristallskålar kan användas
direkt i vår aura och är ett mycket starkt verktyg
att rena oss själva.
Musik är ett enkelt sätt att rena oss själva och vårt
hus på.

Vi kan använda oss av kristaller och orgoniter.
Vi kan använda vatten och att duscha och bada.
Använd gärna i epsomsalt/salt för bättre effekt.
Man kan även blanda i blomsteressenser i
badvatten.

Man kan använda auraspray.
Auraspray är ett enkelt sätt och man kan ha den
med sig i sin väska.

Att visualisera ljus och rening i sin aura är
ytterligare ett sätt som vi kan använda för att rena
oss själva och vår aura.

Detta kan vi även använda i vårt hem för att få in
nya positiva energier.

ATT FÖDA FRAM NYTT SOM EN MAGISK KRAFT:

Kvinnor har en alldeles unik magisk kraft i
att skapa och att vara kreativa.
Man kan se kraften överallt. Kvinnor som
är gravida och som bär det nya livet tills det är
dags att föda fram.
Kvinnor som tar hand om det nyfödda och
kvinnor som tar hand om barn i alla åldrar och
lotsar barnen från modersbröstet och ut i livet.
Man kan se kvinnor som bär barn på ryggar,
höfter, i barnvagnar.

Kvinnor som vyssar och vaggar sina barn.
Kvinnor som blir som lejon och tigrar för att
försvara sina barn.
Man ser kvinnor som stickar, virkar och knypplar.
Kvinnor som målar, syr, skriver, sjunger och
dansar.
Kvinnor som lagar mat, kvinnor som odlar,
kvinnor som gör örtblandningar, tillverkar ljus
och så oändligt mycket mer.
Kreativitetens kraft har inga gränser.

Det är verkligen en magisk kraft som genomsyrar
och går igenom kvinnors kroppar, händer, hjärtan.
Kvinnor som utrycker sin kärlek genom
kreativitet.
Kvinnor som utrycker sorg, rädsla vemod, ilska,
oro och glädje.
Tillsammans med livskraften, finns den där helt
naturligt, den magiska kraften.
Att finna kreativa lösningar, nya idéer och att
komma på vad vi vill göra eller skapa i våra liv är
intimt sammankopplat med den feminina
magiska kraften.

Det är så viktigt att vi får vara fria i vår kreativa
skapande kraft.
Men även att vi ger näring och liv åt den.
Det är som vår magiska livsnerv pulserar just här.
Om vi känner oss blockerade så är det av största
vikt att undersöka och ta reda på vad som
blockerar för att sedan frigöra det.

ATT ÖVERVINNA RÄDSLA:

För att kunna få full tillgång till vår magiska
kraft så behöver vi släppa rädsla.
Vi behöver ta fram vårt mod.

Framför allt så är det viktigast att låta hjärtat och intuitionens magiska kraft få vara den kraft som vi fokuserar på för att förändra och transformera rädslor.

Mycket av våra rädslor är inte realistiska för de situationer där vi känner rädsla.

Vi har med oss rädslor som vi ärvt från tidigare generationer och som vi förvaltat från tidigare liv. De gamla rädslorna triggas igång i situationer som påminner om det som vi har med oss i cellminnet. Ibland förstår vi inte själva varför vi blir så rädda eller varför vi reagerar så starkt.

Eftersom vi bär och burit med oss känslominnen i vårt cellminne genom 1000 tals och åter 1000 tals år så är det inte alltid så lätt att själv förstå varför.

Jag har själv upplevt många tidigare liv där jag blivit avrättad och straffad på grund av förmågor som inte varit uppskattat hos de som haft makt och som styrt.
Jag har även upplevt cellminnen från tidigare släktingars trauman och upplevelser som de inte kunnat släppa eller göra sig av med under sin livstid.

Genom åren har jag även hjälpt väldigt många
(speciellt kvinnor) att komma över gamla trauman
och rädslor både från tidigare liv och från tidigare
generationer.

Jag brukar säga att den känsla som är mest vanlig
som blockering och som vi har med oss i
ryggsäcken är definitivt rädsla.

Ganska ofta är vi dock inte själva medvetna om att
vi är rädda.
Vi kanske bara märker att vi inte kommer dit vi
önskar i livet eller att saker och ting upprepar sig
på ett oangenämt sätt, där vi känner oss som
förlorare i våra egna liv.

Man kan arbeta med att släppa rädslor på en
mängd olika sätt.
Ibland är det bara så att vi behöver göra saker fast
att vi är rädda och på det sättet övervinna rädsla.
En viktig del i processen att släppa rädslor är att
få en förståelse för vad och varför man känner sig
rädd.
När vi förstår varför vi reagerar som vi gör så kan
vi få en annan distans och börja ta steg i en annan
riktning. Vi kan börja bryta mönstret.

Som jag nämnt innan så är meditation ett mycket
bra verktyg för att utforska både tidigare liv och
tidigare generationers händelser.
Intuitionen är också en av dina magiska krafter
som hjälper dig när du utforskar i tidigare
händelser.

Att ta hjälp av andra människor och att hitta
systrar som resonerar med dig själv är ännu ett
ovärderligt verktyg av magisk kraft.

Genom att återfinna varandra som systrar så tar vi
tillbaka den kraft som vi en gång för länge sedan
blev berövade.
Genom möte med likasinnade systrar så kan vi
påminna varandra om den magiska kraft som vi
bär med oss från tidernas begynnelse.

I tiden som vi lever i nu så återförenas vi igen.
Vi vet kanske inte från var men känner i våra
hjärtan att vi hör ihop, att vi har känt varandra
tidigare. Kanske någon gång för mycket länge
sedan. Att det finns en mening med att vi nu
sammanstrålar igen.
Genom möten med varandra, så läker vi de gamla
såren, de gamla trauman och står nu äntligen i vår
heliga feminina magiska kraft.
Du känner och vet i ditt hjärta.

Det är sannerligen en storslagen tid.
Det är du, det är jag, det är vi tillsammans i den
feminina magiska kraften som nu öppnar för en
ny tid i kärlek, frihet och systerskap.

SYSTERSKAP SOM EN MAGISK KRAFT:

Vi behöver varandra, vi systrar.
Utan vänskap och systerskap skulle livet
vara svårt, tråkigt, fattigt och ledsamt.
Att ha en eller flera väninnor och systrar är mer än
GULD värt.
Det är något alldeles speciellt och magiskt med
systerskap.

Jag har upplevt det många gånger och jag har sett
det ske så många gånger emellan kvinnor,
väninnor och systrar. Denna magiska kraft som
uppstår i mötet, med ett ögonkast, ett ord, en
mening, en handling som går bortom orden.
Vi stöttar varandra, vi tror på varandra och vi
återspeglar skönhet, kraft och allt däremellan.

Genom historien har vi systrar blivit åtskilda, av
olika anledningar.

Vi har lärt oss att se varandra som konkurrenter
och fiender istället för systrar och själsfränder.

Vi har lärt oss att ge bort vår kraft till det motsatta
könet.

Även om det inte varit uttalat så har det och finns
fortfarande djupt rotat som ett slags beteende
både medvetet och omedvetet.

Jag brukar säga att det krävs bara en man för att få
all riktad uppmärksamhet av kvinnor i ett rum.

Kvinnor vänder gärna sin uppmärksamhet
gentemot mannen i bara det faktum att han är en
man.

Medan vi som kvinnor behöver bevisa och
"förtjäna" för att få samma slags självklara
uppmärksamhet.

En av anledningarna är de patriarkala normer och
värderingar som påverkat oss på djupet om vem
vi är och hur vi blir/blivit behandlade både enskilt
och som grupp.
Som kvinna är man född som en andra klassens
medborgare.

Kvinnor behöver ofta bevisa upp till tänderna sin kompetens och duglighet till skillnad från män som bara är godkända för att de just är födda som män.

Nu är tiden inne för att ta tillbaka, återvinna och att stå i vår feminina magiska kraft.
Jag menar inte att det ska vara på männens bekostnad utan för att vi, både kvinnor och män, får det så mycket bättre med en balans som återspeglas både inom oss själva och utom oss i våra relationer.

Vi kvinnor behöver finna vårt egna sätt och våra egna vägar och det är inte att göra och eftersträva så som männen gjort och gör.
Vi behöver få vara fria att utforska och att skapa sammanhang där vi är trygga att tillåta oss att ta fram vår egna uråldriga magiska kraft.

Att vi har så mycket att vinna på att få balans och ett lika värde. Att ingen är mer eller mindre värd.

Att vi, både kvinnor som män, ska kunna hedra och älska det feminina och maskulina inom och utom oss.
Att i denna övergången så behöver vi belysa, befästa och tydliggöra för oss själva och varandra

vad som är i obalans/balans för att kunna skapa
den balans som vi önskar oss.

Jag vill avsluta med dessa rader som handlar om
magin med systerskap. Jag ser i mitt inre den
heliga feminina magiska kraft som nu stiger över
jordens yta.
Där vi tillsammans skapar den nya tiden i
skönhet, kärlek, harmoni, frihet, fred, balans och
överflöd.

VI ÄR SYSTRAR:

I många hundra år, ja faktiskt i tusentals år har
den feminina kraften och kvinnan stått i
skuggan av den maskulina och manliga
energin.
Nu ökar den feminina kraften på vår jord och
mycket gamla värderingar, föreställningar och
tankar om hur en kvinna bör vara, hur hon kan
behandlas och lyssnas på ändras radikalt.

Den feminina kraften finns inom både kvinnor
och män och det är tid att bejaka och omfamna vår
feminina kraft, visdom, kärlek, empatiska
förmåga, sensitivitet, intuition, inre vetande,
systerskap/broderskap.

En helt ny tid står för dörren och vi stänger och
avslutar dörren till ett Patriarkat som regerat, haft
makten i tusentals år.

Ja jag vet, det är en annorlunda tid vi lever i.
Vi har inte facit i handen, vi måste känna och
pröva oss fram.
Vi behöver utforska inom oss själva vad den
feminina kraften är för att finna vägen i både det
lilla och det stora.
Vi behöver stötta och pusha varandra att tro på
oss själva.

Det som inte var oss givet när vi föddes.
Att vi får växa, utvecklas, utforska och även
blomstra med oss själva och vår jord.
Att när vi ser andra systrar som kommit en bit
längre på sin väg se henne som en förebild att ta
efter det som vi känner passar oss.

Att bränna upp svartsjuka och avundsjuka med en
eld av kärlek som transformerar och helar alla de
sår som vi både ärvt och har med oss sedan
tidigare liv.
Att se avundsjukan som ett patriarkalt gift som
spridit sig likt ett virus genom tid och rum och att
tiden kommit för att tända en stor eld och bränna
upp detta gamla för att samlas som systrar nu.

Vi tar varandras händer, öppnar våra hjärtan och
ser i varandras ögon och uttalar de tre magiska
orden: Jag älskar dig.

Du är jag, jag är du, genom tid och rum.
Vi höjer våra glas och låter skratten eka genom
berg och dal.
Tiden har kommit nu.
Att öppna, att låta skönheten blomstrat se din
kraft och att åter födas som kvinna på en jord som
åter skapar en balans mellan feminint och
maskulint i kärlek, fred och högre medvetenhet.

Din kropp och alla delar i din kropp är magiskt.

Ditt leende är magiskt

Ditt hjärta är magiskt

Ditt sinne är magiskt.

Din aura och energifält är magiskt.

Din själ är magisk.

Din ande är magisk.

Din historia är magisk.

Din kreativitet och skaparkraft är magisk.

Dina ord är magiska.

Dina drömmar är magiska.

Din kärlek är magisk.

Dina känslor är magiska.

Dina ögon är magiska.

Det finns ingen som du i hela universum.

Du är unik.

Du är fantastisk.

Du är förtrollande.

Du är vacker.

DU ÄR MAGISK

Glöm aldrig det

All kärlek, magi och kraft:
Din syster Helena Öhrström

Blessed be